JN014078

有利に解決！

相続調停

第2版

弁護士
横山正夫［監修］
フリーライター
飯野たから［著］

自由国民社

改訂にあたって

亡くなった人の遺産は、遺言による指定がなければ、その人の配偶者や子どもなど相続人同士の話合いで、各自の取り分を自由に決められます。この話合いを遺産分割協議と言いますが、必ずしも話合いがスムースにまとまるとは限りません。少しでも遺産を多くもらおうと自分に都合のいい主張ばかりし、他の相続人の言い分には一切耳を貸さない相続人もいて、話合いがこじれることも珍しくないのです。話合いそのものに応じない相続人もいます。遺産分割協議による遺産分けは全員合意が原則ですから、こうなると協議の成立は望めません。

こんなドロ沼に陥った場合の紛争解決に役立つのが家庭裁判所の「家事調停」です。夫婦間や親子間の争いごとなど家庭内のトラブルを、その当事者が家庭裁判所の中で、調停委員の助言を受けながら話合いにより解決する簡易・迅速な手続きで、離婚調停が良く知られています。この本で扱うのは遺産分割など遺産に関する紛争を解決する調停ですが、亡くなった人の相続人なら誰でも申立てができますし、手続きも簡単で費用も安いので便利です。

なお、他の家事調停と区別し、以後、「相続調停」と呼ぶことにします。

この本は、相続調停がどのようなもので、どんなふうに進められ、どんな手続きをすればいいいか、その仕組みや手続き、上手な使い方などを、初めて相続調停に関わる皆さんに向けてわかりやすく解説した手引書です。遺産分割や寄与分を定める調停についての具体例、調停にのぞんでの注意点、有利な結果を引き出すための心がまえや上手な話し方・書き方のコツなどのアドバイスも紹介しています。

遺産相続の話合いが上手くいかず、そろそろ相続調停を申し立てようと考えている方だけでなく、相手から相続調停を起こされ呼出状が届いて困惑している方、今現実に調停中の方など、相続調停の当事者の皆さんに、その制度を最大限活用してもらいたいという思いから、平成28年11月、この本を初めて世に送り出しました。それから4年、時代は平成から令和に代わり、遺産相続をめぐる法律の規定も大きく変わっています。今回、令和2年4月1日までに施行された民法（相続法）の改正内容やそれに伴う家事事件手続法などの改正点を盛り込んで、本の内容を改訂しました。

必ずや皆様のお役に立てると信じています。

令和2年10月吉日

監修者　弁護士　横山正夫

遺産分割調停を始める前に
——図解で見る遺産相続の仕方と法定相続の基本——

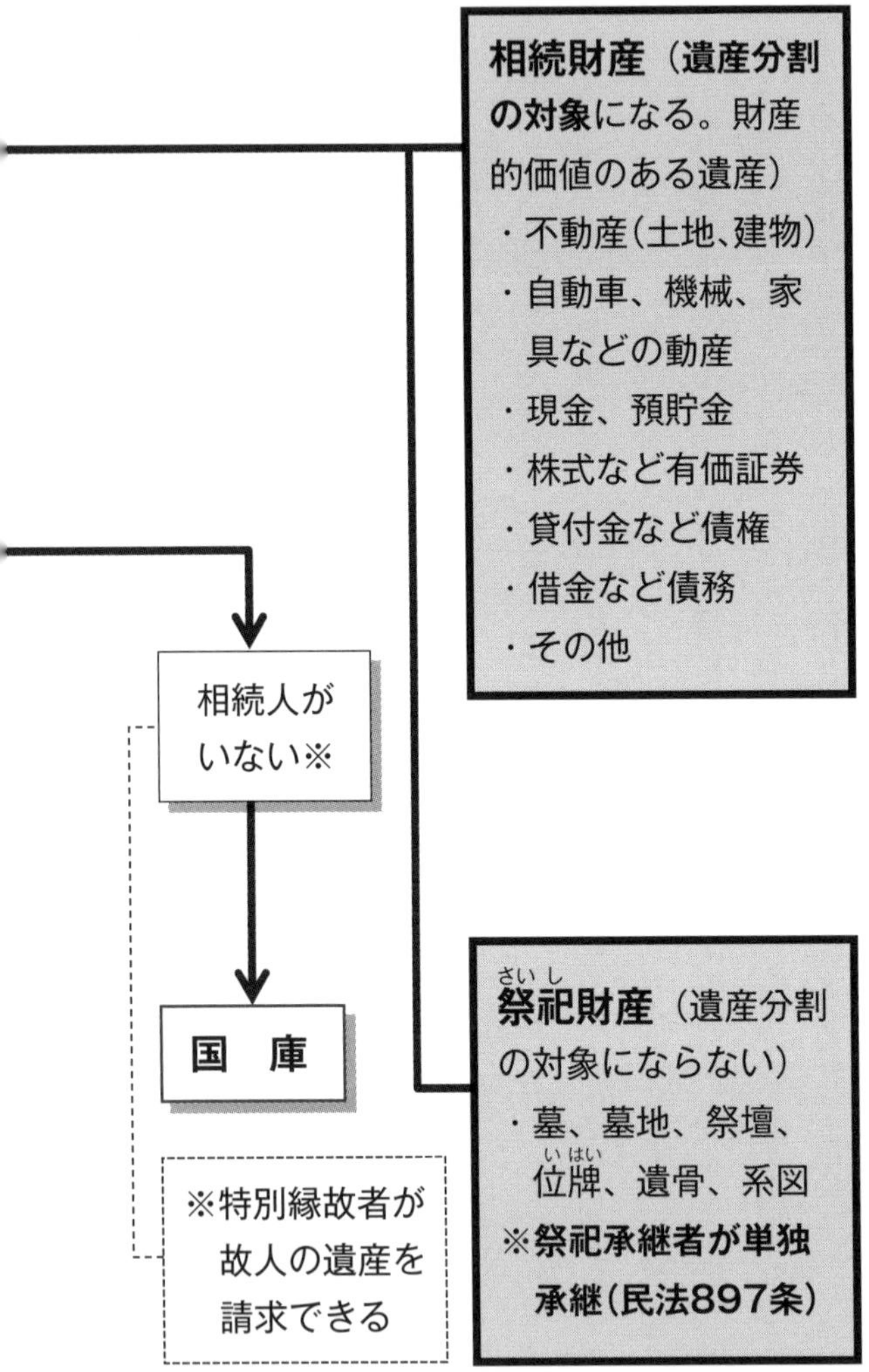

●亡くなった人の遺産の分け方は

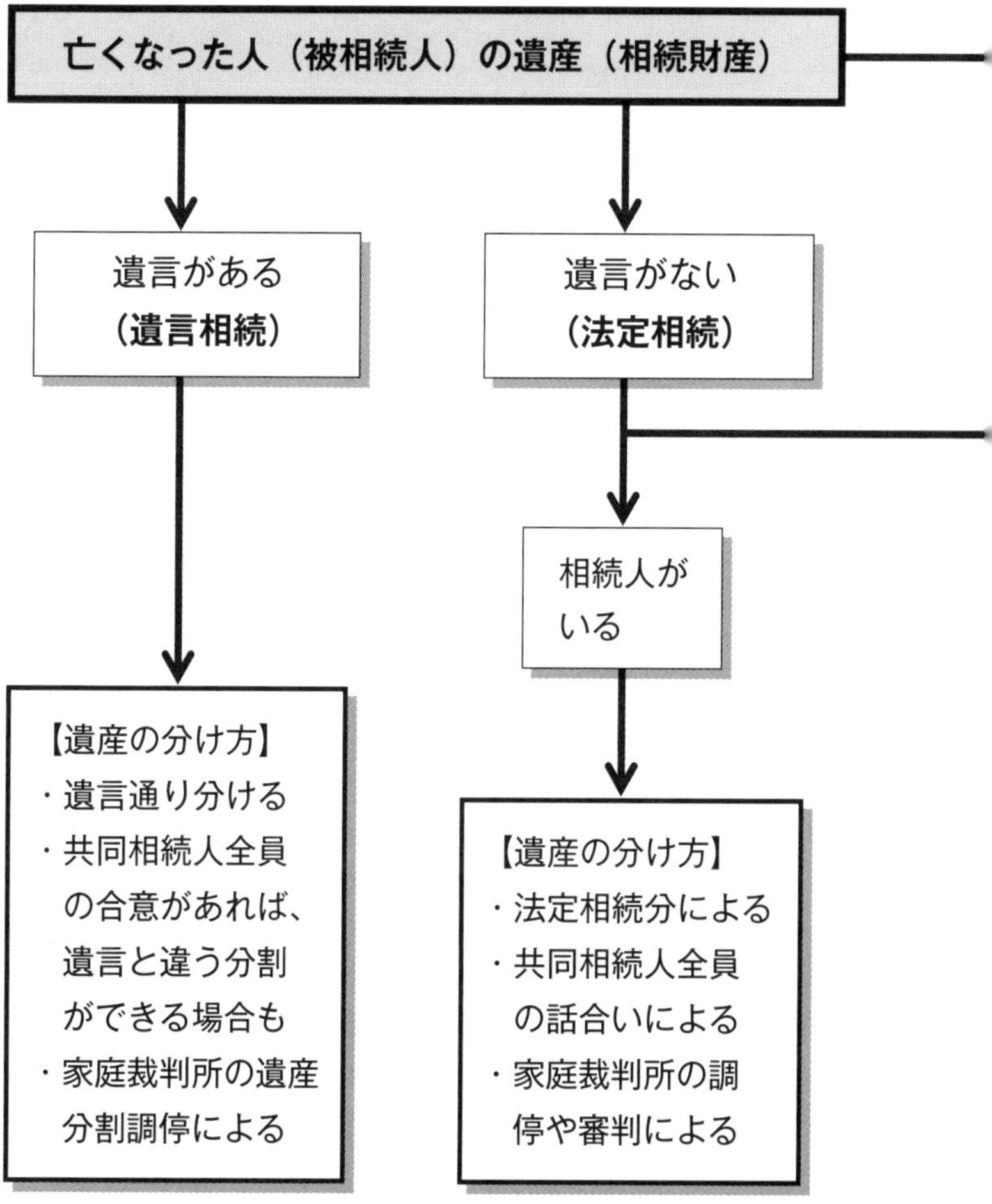
亡くなった人（被相続人）の遺産（相続財産）
遺言がある
（遺言相続）
遺言がない
（法定相続）
相続人がいる
【遺産の分け方】
・遺言通り分ける
・共同相続人全員の合意があれば、遺言と違う分割ができる場合も
・家庭裁判所の遺産分割調停による
【遺産の分け方】
・法定相続分による
・共同相続人全員の話合いによる
・家庭裁判所の調停や審判による

左頁は、遺産相続に絡む親族関係図で、数字は相続順位を表す（数字のない者は相続権がない）。点線は故人。

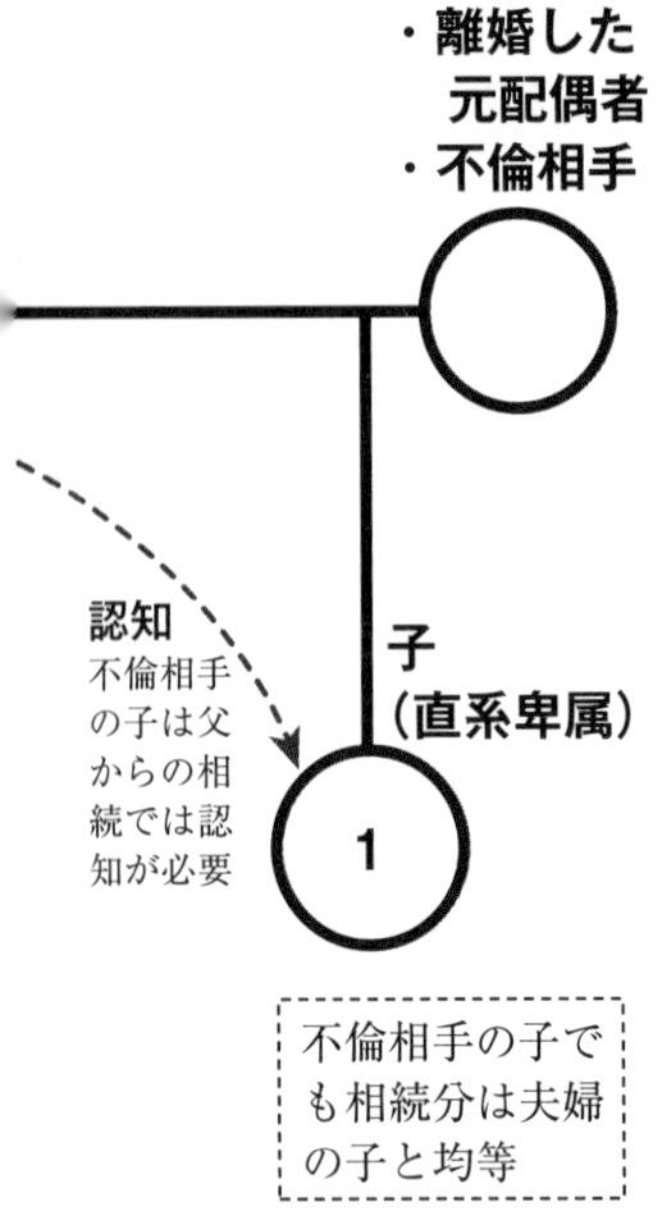

【法定相続人と法定相続分】

①配偶者（妻または夫）は常に相続人になる（民法890条）

②血族（血縁のある親族）は次の順位で相続する（順位の高い者が相続すると、次順位以下は相続できない）

第１順位　直系卑属（子、孫）

第２順位　直系尊属（父母、祖父母）

第３順位　兄弟姉妹

③基本的な法定相続分（民法900条）

・妻と子が相続　妻1/2、子1/2

※子が数人いる場合⇨相続分は均等

・妻と父母が相続

妻2/3、父母1/3

・妻と兄弟姉妹が相続

妻3/4、兄弟姉妹1/4

④兄弟姉妹以外の相続人は、相続させない遺言の指定があっても次の割合の遺産を必ずもらえる（遺留分《いりゅうぶん》）

・相続人が直系尊属のみ⇨1/3

・相続人がそれ以外の組合せ⇨1/2

※上の割合は全員合わせての遺留分で、各人の遺留分はこれを法定相続分の割合で分け合う。

●法定相続人の範囲と法定相続分

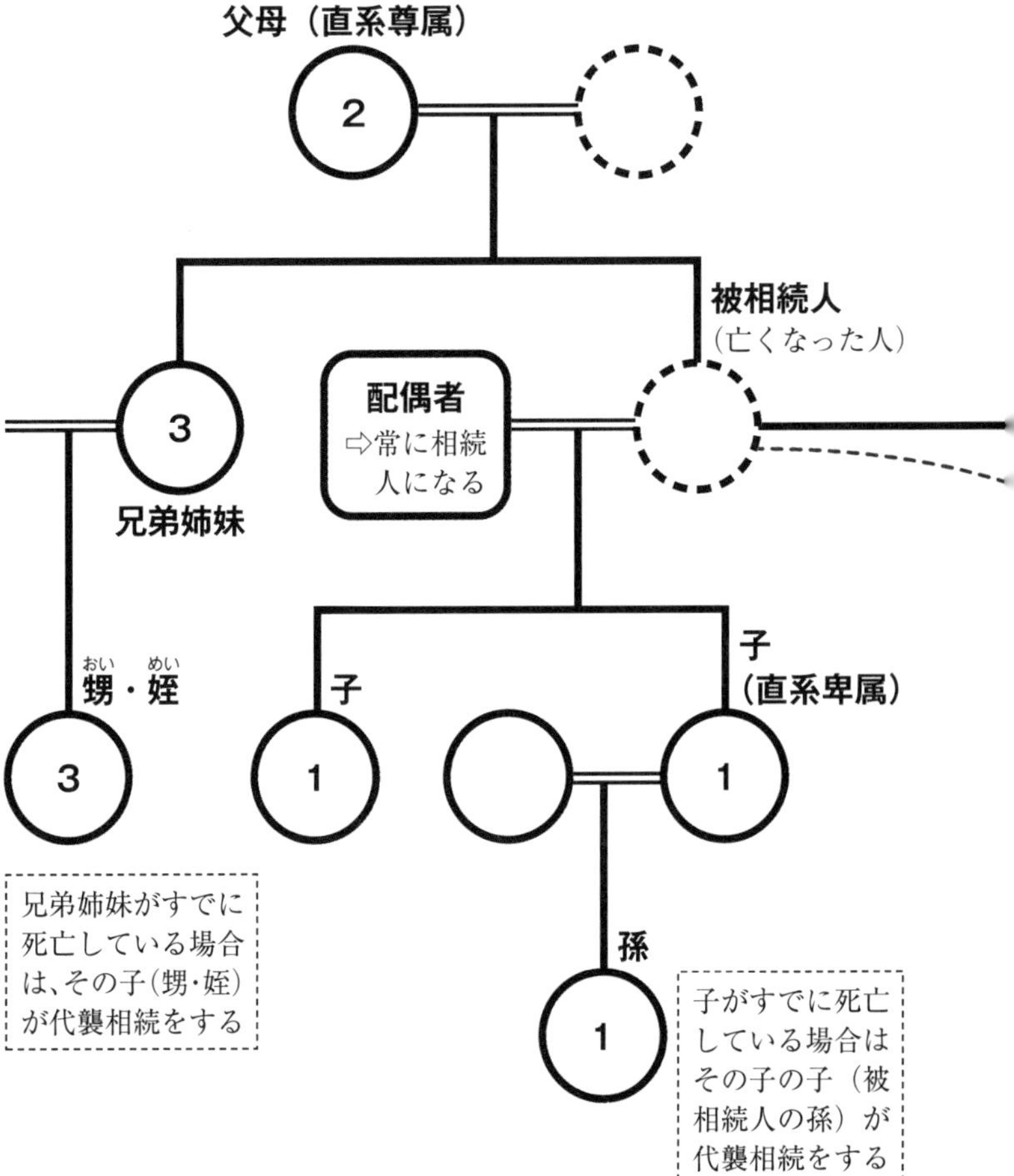

目次

「第2章」事前の準備が十分なら相続調停は有利に運ぶ

相続調停を起こす前の準備

相続調停の申立ての手続き

「第3章」調停委員を味方にすれば相続調停は有利に運ぶ

具体例21でみる遺産分割調停の注意点と対処法

「第4章」調停がまとまると、その内容は相続人を拘束する

第1章

遺産分割の話合いがこじれたら相続調停を起こせばいい

★相続調停とはどんなものか
★相続調停は家庭裁判所でする話合い・ほか

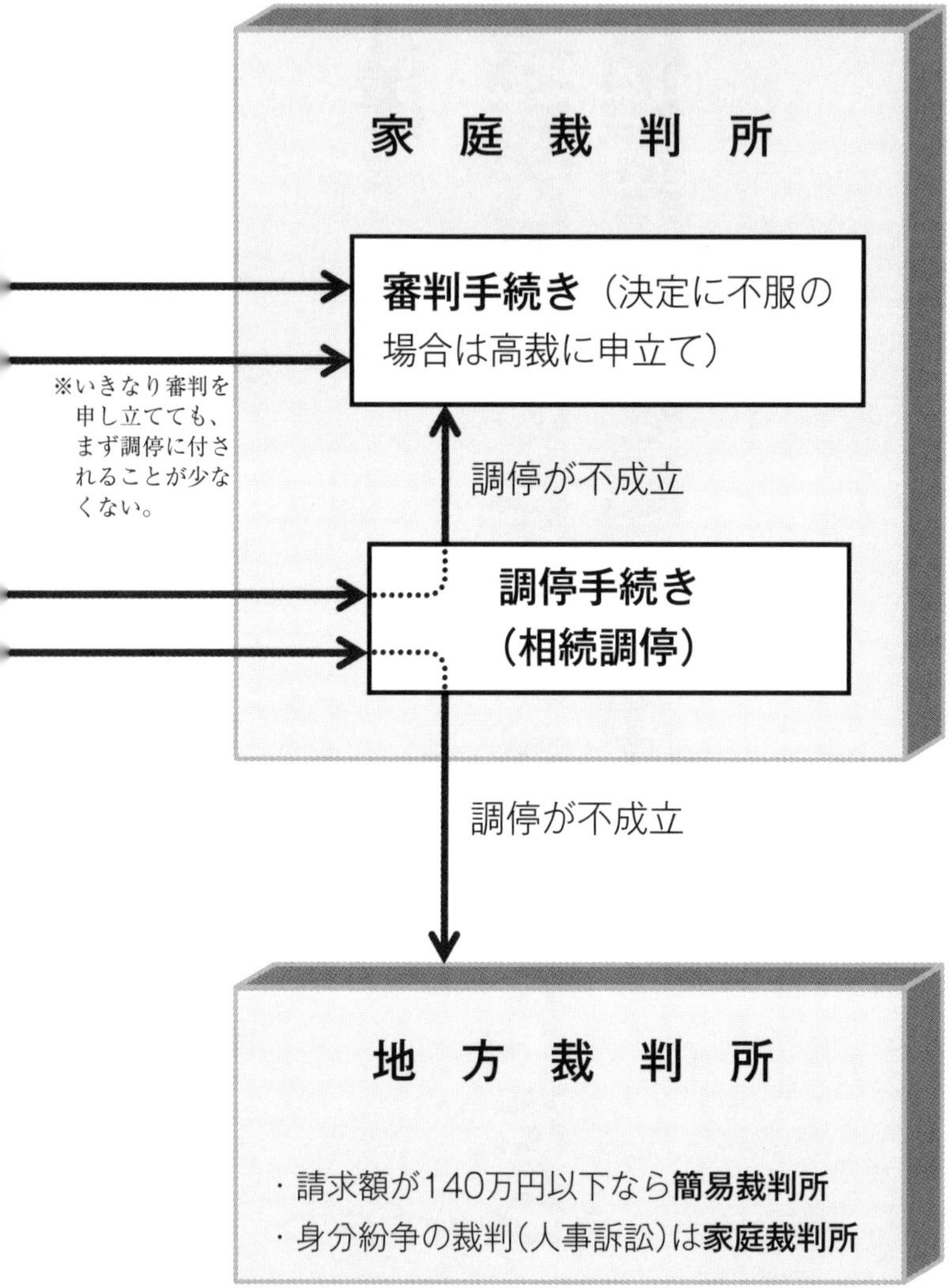

家庭裁判所
審判手続き（決定に不服の場合は高裁に申立て）
※いきなり審判を申し立てても、まず調停に付されることが少なくない。
調停が不成立
調停手続き（相続調停）
調停が不成立
地方裁判所
・請求額が140万円以下なら簡易裁判所
・身分紛争の裁判（人事訴訟）は家庭裁判所

●相続調停はどんな時に使えるのか

遺産相続をめぐる話合いがまとまらない

→

★推定相続人の廃除
★遺言執行者選任・など
（当事者の話合いには適さない手続き的な問題⇨家事事件手続法「別表第1」の事件）
＊審判のみで処理

→

★遺産の分割
★祭祀《さいし》承継者の指定
★寄与分《きよぶん》の定め・など
（当事者の話合いで解決するのが望ましい紛争⇨家事事件手続法「別表第２」の事件）
＊審判でも調停でも可（裁判はなし）

→

★遺留分《いりゅうぶん》侵害額の請求
［令和元年（2019年）７月１日より前に開始した相続については、遺留分減殺請求］
★相続に関係する身分紛争
＊裁判で解決するが必ず事前に調停をしなければならない（調停前置主義）

【参考】●家事事件手続法・別表1（審判のみ）

・**不在者の財産の管理に関する処分**

・**推定相続人の廃除**（推定相続人の廃除、推定相続人の廃除の審判の取消し、推定相続人の廃除の審判またはその取消しの審判の確定前の遺産に関する処分）

・**相続の承認および放棄**（相続の承認または放棄をすべき期間の伸長、相続財産の保存または管理に関する処分、限定承認または相続の放棄の取消しの申述の受理、限定承認の申述の受理、限定承認の場合における鑑定人の選任、限定承認を受理した場合における相続財産の管理人の選任、相続の放棄の申述の受理）

・**財産分離**（財産分離、財産分離の請求後の相続財産の管理に関する処分、財産分離の場合における鑑定人の選任）

・**相続人の不存在**（相続人の不存在の場合における相続財産の管理に関する処分、相続人の不存在の場合における鑑定人の選任、特別縁故者に対する相続財産の分与）

・**遺言**（遺言の確認、遺言書の検認、遺言執行者の選任、遺言執行者に対する報酬の付与、遺言執行者の解任、遺言執行者の辞任についての許可、負担付遺贈に係る遺言の取消し）

・**遺留分**（遺留分を算定するための財産の価額を定める鑑定人の選任、遺留分の放棄についての許可）

●家事事件手続法・別表2（審判、調停いずれでも可）

・**相続**（相続の場合における祭具等の所有権の承継者の指定）

・**遺産の分割**（遺産の分割、遺産の分割の禁止、寄与分を定める処分）

・**特別の寄与**（特別の寄与に関する処分）

1 相続調停とは家庭裁判所で行う相続人同士の話合いである

…相続調停で決まったことは判決と同じ効果がある

◆相続調停とはどんなものか

亡くなった人（**被相続人**）の遺産（**相続財産**）をどう分けるか、法律では、被相続人が①遺言で遺産の分割方法を指定してあれば、それに従えばよく（民法908条）、②遺言がなければ法定相続分（900条）で分けるか、相続人同士（**共同相続人**）の話合い（**遺産分割協議**）で決めてもいいと定めています（907条1項）。ただし、被相続人の預貯金の解約、所有不動産の相続人への名義変更など遺産の相続手続きには、共同相続人全員の賛成（**合意**）により作られる遺産分割協議書が欠かせません。相続人が1人でも反対すると協議は不成立、相続手続きは進まないのです。もっとも、預貯金の解約については民法改正により**遺産分割前の一部払戻制度**が創設され、令和元年7月1日以降であれば、共同相続人は**当面の生活費や葬儀費用**として**他の共同相続人の同意なしに相続できる**ようになりました（各相続人の限度額は、預貯金の3分の1に各自の相続分を乗じた額。上限150万円。民法909条の2)。

なお、③話合いがまとまらない場合や話合い自体ができない場合には、共同相続人なら誰でも、家庭裁判所に**相続調停**(正式には**家事調停**という)を申し立てることができます(907条2項)。これは、家庭裁判所で紛争解決のプロである裁判官と2人の調停委員を交えて、話し合う制度です(家事事件手続法第3篇244条以下)。

この本では、主として遺産分割の相続調停について解説しますが、その他の遺産をめぐるトラブルの解決にも、この相続調停が役立ちます。調停は調停委員らの助言により当事者が折り合える条件や分割案を詰めていきますので、共同相続人個々の希望や意見がかけ離れていても、意外にスムースに話合いが進むこともあるのです。

◆遺産分割のトラブルはいきなり訴訟にできない

遺産分割をめぐるトラブルは、その解決にあたって、当事者だけでなく他の親族のプライバシーにまで踏み込むことがあります。そのため、一般の訴訟事件のように、公開法廷で証拠調べや証人調べを行い、事細かく相手の内情まで暴露して白黒付けるという解決方法にはなじみません。つまり他の家事事件(家庭内のトラブル)同様、話合いがまとまらないからといって、いきなり裁判にはできないのです。まずは相続

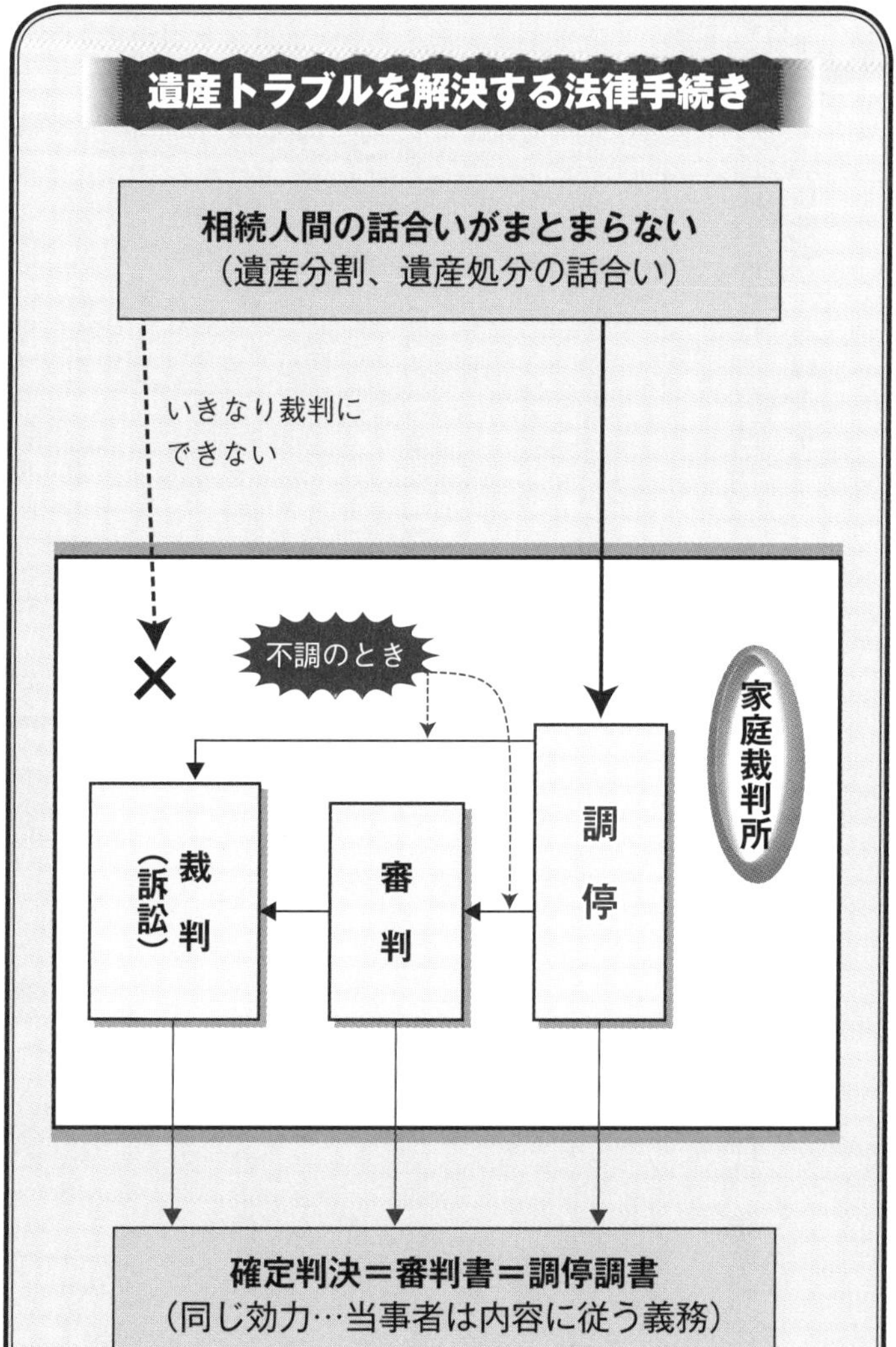
遺産トラブルを解決する法律手続き
相続人間の話合いがまとまらない
（遺産分割、遺産処分の話合い）
いきなり裁判に
できない
不調のとき
家庭裁判所
調停
審判
裁判（訴訟）
確定判決＝審判書＝調停調書
（同じ効力…当事者は内容に従う義務）

調停（**遺産に関する紛争調整調停**、**遺産分割調停**など）から始めることになっています（**調停前置主義**。家事事件手続法257条）。調停がまとまった場合、合意内容は確定判決と同じ効力を持ち、その内容は共同相続人全員を拘束します（前頁図解参照）。相続人は共に、調停の取決めを誠実に履行する義務を負うのです。

なお、遺産分割や寄与分を定める処分は家事事件手続法別表第二の事件ですから、家庭裁判所は審判をすることもできます。そのため、相続調停がまとまらない（**不調**または**不成立**という）場合には、自動的に審判に移行します。ただし、遺留分侵害額の請求など自動的に審判に移行しない事件の場合、調停不成立として改めて遺留分侵害額請求訴訟を起こし、裁判所から勝訴判決をもらうしかありません。この場合は、同じ家事事件でも離婚や認知など人事訴訟の事件とは異なり、訴えを起こす裁判所は地方裁判所（請求額140万円以下なら簡易裁判所）です（16頁～17頁図解参照）。

POINT

相続調停とは家庭裁判所で行う話合いで、調停でまとまった内容は、確定判決と同じ効力があります。

2 相続調停の申立ては自分1人でもできる

…手続きは簡単で申立書を家庭裁判所に出すだけ

◆相続調停の申立費用はたった1200円

調停といえば、まず離婚調停を頭に浮かべる人が多いでしょう。夫婦間のトラブル解決手段として、離婚調停は一般社会にすっかり定着しましたが、遺産分けをめぐる紛争に**相続調停**を利用するケースも増えています。令和元年には、調停成立・不成立など最終結論（終局処分という）が出た遺産分割に関する相続調停は1万2785件でした（司法統計年報家事編。離婚をめぐる調停は3万8501件）。

いわゆる正式裁判と違い、調停は申立ての手続きも実際に家庭裁判所で進められる調停のやり方も簡単で、法律とは無縁な人でも、申立てから終局処分が出るまで相続調停のすべてを本人1人だけでもできる制度です。弁護士など専門家に頼まなくても十分にやれると思います。

たとえば、申立ての手続きは、**遺産分割調停申立書**など決められた書式に記載し、

相続調停の申立てに必要なものは

遺産分割調停申立書
相手方の人数分＋２通
（裁判所用、申立人控用）

★申立書の他に提出が必要な主な書類
・事情説明書１通
・連絡先等の届出書１通
・進行に関する照会回答書1通
・被相続人の除籍謄本、改製原戸籍謄本
・相続人全員の戸籍謄本、住民票など

申立手数料　１２００円
郵便切手　３３１０円
（東京家庭裁判所の場合・相手方10人までのとき。家裁や事件内容で異なる）

→ **家庭裁判所**

被相続人の除籍謄本や相続人全員の戸籍謄本などと一緒に、家庭裁判所の窓口に提出するだけです（前頁図解参照。申立書の詳しい書き方は2章11以下参照）。その際、申立ての費用として1200円の収入印紙と連絡用の郵便切手を納めます。

◆相手に弁護士が付いたときは、専門家に相談しながら調停を進めるといい

本人1人でもやれると言いましたが、相手方に弁護士など法律のプロが付いたときは、あなたも専門家を頼んだ方が無難です。裁判のように相手から面と向かって反撃されることはありませんし、調停委員も公平な立場で判断はしますが、やはりプロが付いた側に有利に運びがちだということは覚えておいてください。

経済的理由などで弁護士を頼むのが無理なら、無料の市民法律相談などで専門家に相談し、調停に臨む際の注意点や心構えを聞くといいでしょう。

POINT

相続調停の手続きは、さほど難しくありません。裁判のように弁護士など専門家の助けを借りなくても最後まで1人で行えます。

3

相手が遺産分けの話合いに応じないときはサッサと相続調停を起こすといい

…相手を話合いの場に引き出せる効果がある

◆共同相続人が多くて意見がまとまらないときは相続調停が役に立つ

遺産相続は、時として残された遺族の人間関係を壊すこともあります。それまで仲の良かった兄弟姉妹が親の死後、その遺産の取り分をめぐって激しく争い、以後絶縁状態になったという話も珍しくありません。よく「わが家は大した財産はないから、私の死後、相続で揉めることなんてないよ」などと、安心しきっている人がいます。しかし現実には、100万円にも満たない遺産をめぐり、相続人同士がつかみ合いのケンカをするようなケースもあるようです。こうなったら感情的なもつれで、当事者だけで話し合っても、遺産分割協議はまずまとまりません。

相続調停は、こんな場合に利用できます。また、相手方が話合いに応じない場合や他の共同相続人から一方的に不利な遺産分割案を押し付けられているような場合も、相続調停が効果的です（左頁図解参照）。とにかく、自分たちだけで話合いを続けて

相続調停にした方がいいときとは

相手が話合いに応じない → 相続調停をすぐに申し立てた方がいい

相手が話合いに応じるとき
でも、次の場合には → 相続調停をすぐに申し立てた方がいい

- 相手が到底呑めない遺産分割を押し付けてくる
- 相手が生前贈与などで、被相続人からすでに多額の資産をもらっている
- 遺産の多くが現金や動産で、相手が管理している
- 遺産の総額がわからない
- 共同相続人が多く、意見がまとまらないとき

話がまとまりそうなとき
話合いがスムースなとき
遺産総額が少ないとき
→ このまま話合いを続ける方がいい

も結論が出ないと思ったら、一日も早く相続調停を申し立てるといいでしょう。現金や動産など換金しやすい遺産は、遺産分割協議がまとまる前に悪意のある相続人により費消される恐れもあるからです。

なお、**調停の申立てに他の共同相続人の同意はいりません。**

◆話合いに応じない相手でも、相続調停なら話合いの場に引き出せる

相続調停は裁判と違い、家庭裁判所が判決など結論まで出すことはありませんが、それなりの心理的効果があります。また、家庭裁判所から呼出状が届いたのに、正当な理由なく調停を欠席すれば過料5万円です（家事事件手続法258条、51条3項）。

遺産分割の話合いに応じない、あるいは自分の言い分だけを通そうとするなど、不誠実な共同相続人を話合いの場に引き出すには、相続調停が効果的でしょう。

POINT

話合いに応じない相手を話合いの場に引っ張り出すには、相続調停を申し立てるのが一番です。相手は原則拒否できません。

4

居所のわからない相続人は不在者財産管理人が調停の相手方になる

…家裁の審判で不在者財産管理人を選任してもらう

◆遺産分割の調停は他の共同相続人全員が相手方になる

亡くなった人（被相続人）の遺産をどう分けるか、相続人同士の話合い（遺産分割協議）で結論が出ない場合、相続人は誰でも家庭裁判所に**相続調停（遺産分割調停）**を申し立てることができます（民法907条2項。家事事件手続法別表第二第一二項）。令和2年に全国の家庭裁判所が新たに受理した「遺産分割に関する処分など」の家事調停事件は1万3801件でした（司法統計年報家事編）。

具体的な申立て手続きの方法や調停の進め方は、次章以下で詳しく紹介しますが、遺産分割の調停では、原則として、申立人となっていない相続人全員を調停の相手方としなければなりません。

たとえば、被相続人の遺産をもらう権利がある相続人が6人だとしましょう（次頁図解の相続人A～F）。相続人ABCDEFは、何度も話合い（遺産分割協議）をし

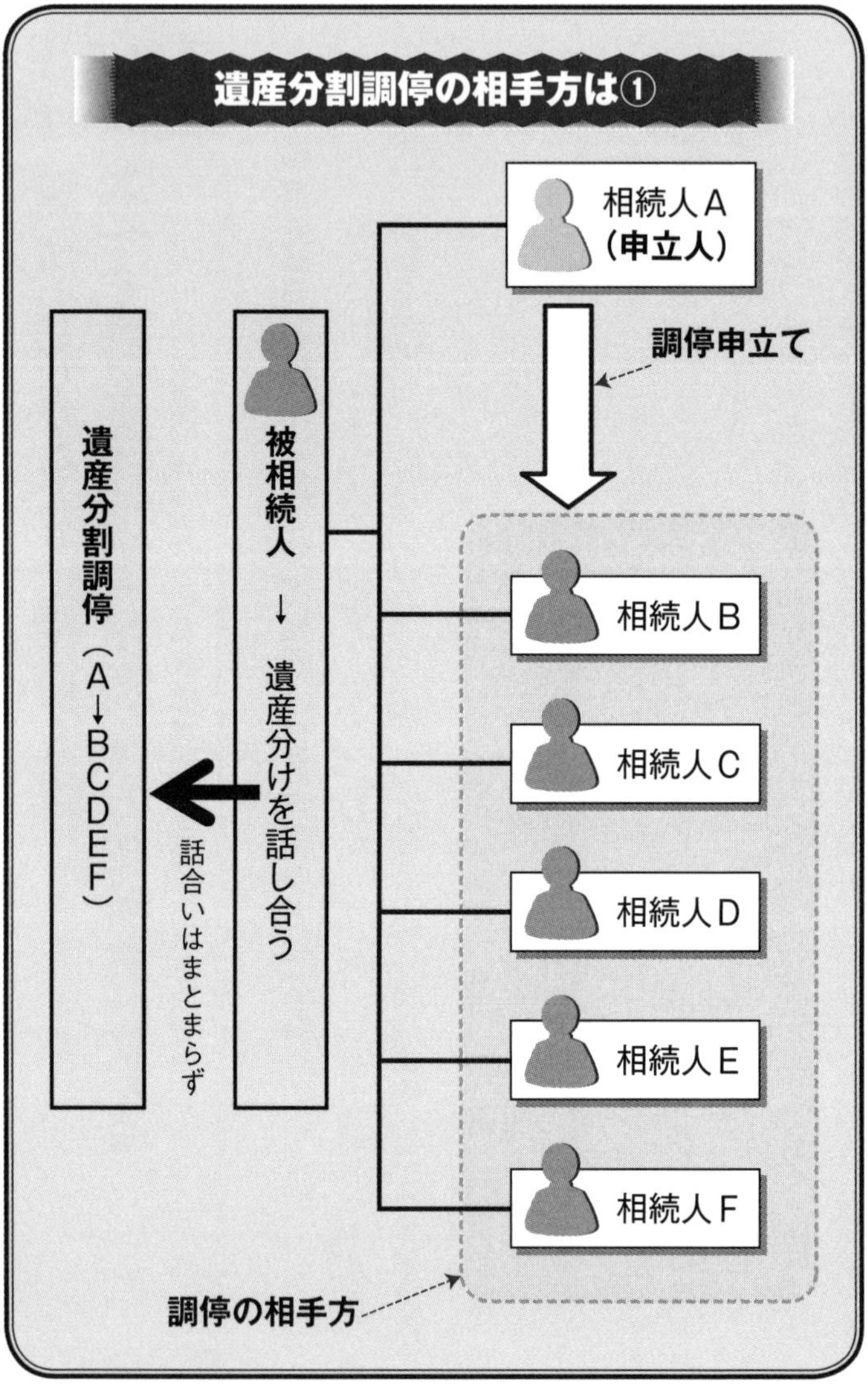
遺産分割調停の相手方は①
相続人A
（申立人）
調停申立て
被相続人
↓
遺産分けを話し合う
話合いはまとまらず
遺産分割調停（A↓BCDEF）
相続人B
相続人C
相続人D
相続人E
相続人F
調停の相手方

たのですが、全員が自分の取り分を多くするように主張して一切妥協しないため、協議がまとまりません。このまま話合いを続けても全員が合意するのは無理だと考えたAは、家庭裁判所に遺産分割調停を申し立てることにしました。この場合、申立人はA自身ですが、調停の相手方はAを除いたBCDEFの5人全員です。

◆行方不明の相続人は不在者財産管理人が遺産分割の代理人になる

相続が開始した時（被相続人の死亡時）、必ずしも相続人全員の所在が判明しているとは限りません。遺産分割協議の成立には相続人全員の合意が必要ですから、居場所がわからない相続人、連絡がつかない相続人がいると、協議は不成立です。

この場合には、家庭裁判所にその相続人の代理人（**不在者財産管理人**）を選任してもらい、他の相続人はその代理人と遺産分割協議をすることができます（民法25条、28条）。具体的には、不在者でない相続人が、家庭裁判所に**「不在者財産管理人選任」の審判**を申し立てて不在者の代理人を決めてもらい、さらに家庭裁判所で**「不在者の財産管理人の権限外許可」の審判**が必要です（遺産分割はこの代理人の権限外。民法１０３条）。不在者財産管理人は、この許可を得れば、遺産分割協議に参加できます。また、協議がまとまらずに相続調停が起こされた場合も、不在相続人の代理人

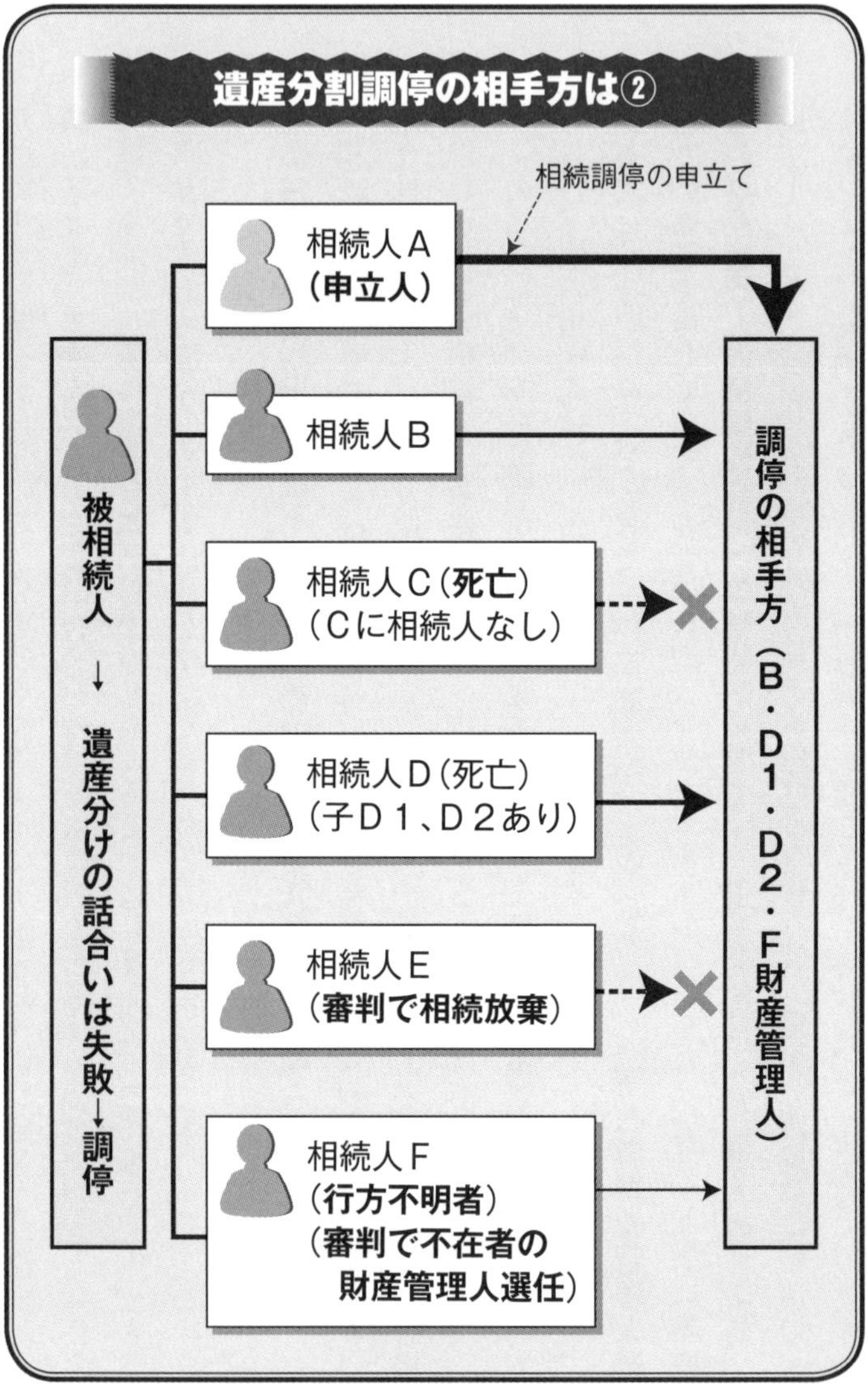
遺産分割調停の相手方は②
相続調停の申立て
相続人A
（申立人）
相続人B
相続人C（死亡）
（Cに相続人なし）
相続人D（死亡）
（子D1、D2あり）
相続人E
（審判で相続放棄）
相続人F
（行方不明者）
（審判で不在者の
財産管理人選任）
被相続人
↓
遺産分けの話合いは失敗→調停
調停の相手方（B・D1・D2・F財産管理人）

として調停に出頭できるのです（家事事件手続法別表第一第五五項）。

たとえば、30頁の図解に登場した相続人の1人（F）が行方がわからない場合は、他の5人の相続人は誰でも、家庭裁判所に審判を申し立て、Fの代理人（不在者財産管理人）を選任してもらうことができますし、選任された代理人に審判で遺産分割の代理権限も許可してもらえばいいのです。許可が出た後は、遺産分割協議や相続調停に関して、その不在者財産管理人がFの代理人として参加します。

なお、この他、相続開始時には、すでに死亡していて代襲相続人もいない相続人や家庭裁判所の審判で相続放棄を認められた相続人は、相続調停を申し立てる際、相手方から排除して申立てをします。前頁の図解のケースでは、相続人Aは調停申立ての際、相続人CとEを相手方から排除して申立てをすればいいのです。ただし、Dには2人の子がいるので代襲相続が行われ、D1、D2を相手方に加えます。

POINT

相続人が行方不明の場合、家庭裁判所の審判で不在者財産管理人を選任してもらい、その管理人と話合いや調停をすればいいでしょう。

5

遺産分割の調停は相手方の住所地の家庭裁判所に申し立てる

…当事者間で合意した家庭裁判所でもいい

◆相手方が複数のときは、その中の1人の住所地の家庭裁判所に申し立てる

離婚や遺産相続など家庭内のトラブル（**家事事件**という）は、当事者同士の話合いがまとまらない場合、いきなり裁判（**訴訟**）にはできません。まず家庭裁判所で離婚調停や相続調停など**家事調停**により解決を図る定めであることは、この章の始めでも紹介しました（本章1項参照）。

では、どこの家庭裁判所に調停を申し立てればいいでしょうか。これを**管轄**と言い、裁判の場合は通常、訴える相手（被告）の住所地を管轄する裁判所です（民事訴訟法4条1項。当事者間の合意で管轄裁判所を決めることも可能）。家事調停事件も相手方の住所地を管轄する家庭裁判所か、当事者が合意した家庭裁判所になります（家事事件手続法245条1項）。また、相手方が複数いて住所もバラバラという場合は、その中の1人の住所地を管轄する家庭裁判所に申し立ててください（左頁図解参照）。

遺産分割調停はどの家裁に申し立てるか

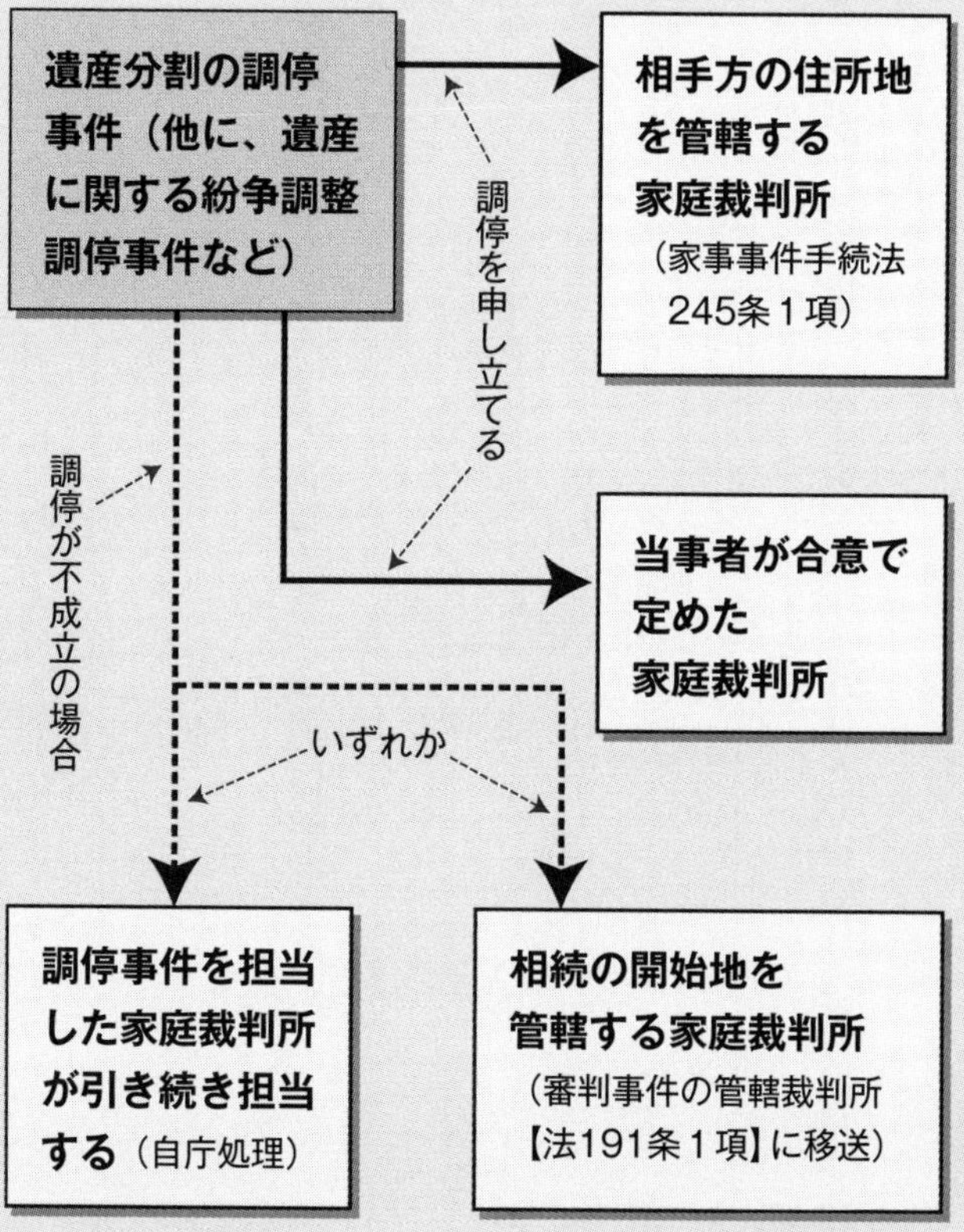

※相続の開始地とは、亡くなった人の最後の住所のあった場所のことをいう（民法883条）

なお、遺産分割に関する審判事件の管轄は、**相続の開始地**の家庭裁判所です。遺産分割の調停は、不成立の場合には自動的に審判に移行しますが、そのまま調停を担当した家庭裁判所で引き続き審判手続きも行う（**自庁処理**という）場合と相続の開始地の家庭裁判所に移送される場合があります。

◆遠隔地にいる相続人はテレビ電話で調停に参加できる

遺産分割協議の成立には相続人全員の賛成（合意）が必要ですが、必ずしも全員が一か所に集まって話し合う必要はなく、その場に来ることができない人にはメールや書類を送って、賛否や意見を尋ねてもかまいません。調停の場合も、遠隔地に住んでいて管轄裁判所に出頭するのが難しいという相続人は、いわゆる電話会議システムを使って参加する方法もあります（家事事件手続法258条1項、54条1項）。

POINT

遺産分割調停は相続人（相手方）の1人が住んでいる住所地を管轄する家庭裁判所に申し立てます。

6 家族関係が複雑な場合は話合いより相続調停を利用する方が解決しやすい

…話合いが長引くと解決が難しくなる

◆調停は相手と直接会うことはないので冷静な対応ができる

裁判（訴訟）は**対審構造**といい、トラブルの当事者（原告と被告）が同じ法廷の場で裁判官を前に互いの主張を闘わせるものです。互いに自分の言い分が正しく、非は相手にあると言い合うのですから、当然感情的な軋轢が生じます。たとえば、相続をめぐる争いのように相手が親族の場合、他人以上に嫌悪感や憎しみが増し、妥協する気持ちなど失せてしまうでしょう。こうなると、和解による解決など望めません。

しかし、同じ裁判所の手続きでも、相続調停は**家庭裁判所を利用する話合い**です。当事者（**申立人と相手方**）が自分の言い分や意見をブツける相手は**調停委員**だけで、その場に相手方は同席しません。相手方の言い分は調停委員を通じて伝えられますが、直接言われないので冷静に聞くことができるのではないでしょうか。また、調停委員は当事者の言い分を聞いて助言してくれますが、公平で常識的な内容です。自分たちの言い分と多少違っても、当事者にとっては受け入れられる可能性が高いでしょう。

◆まとまらない話合いをダラダラ続けるより相続調停を申し立てろ

「家庭のトラブルは法律になじまない」と言います。裁判にするより、家族の話合いで解決できれば、それに越したことはありません。といって、まとまる可能性のない話合いをダラダラ続けることは考えものです。とくに、遺産分けをめぐるトラブルは直接の当事者（共同相続人、被相続人の債権者など利害関係者）以外に、権利もないのに口を出す相続人の配偶者やその親族もいて、話合い（**遺産分割協議**）が長引けば長引くほど感情的な軋轢が増幅し、解決が難しくなります。

たとえば、亡くなった人（被相続人）が何度も結婚し、子どもが大勢いるなど家族関係が複雑な場合、話合いを続けるより相続調停にした方が解決は早いでしょう。

POINT

被相続人が何度も結婚していたり、相続人が大勢いる場合、遺産分けは話合いより相続調停の方が解決しやすいこともあります。

7 遺言書が複数出てきたら調停で話し合う方法もある

…遺言を何度も書き替える被相続人もいる

◆公正証書遺言以外の遺言書は家庭裁判所の検認手続きが必要である

被相続人の死後、本人が遺産の分け方を指示した遺言書が出てくることがありますが、民法の遺言方式に従っていない場合、法律的には無効です（960条以下）。遺言方式には、**自筆証書遺言**（遺言者が遺言全文、日付、氏名を自書し、押印したもの）、**公正証書遺言**（公証人に作成してもらう。証人2人が必要）、**秘密証書遺言**という三つの普通方式の他、危急時や遠隔地で認められる四つの特別方式があります。

なお、現行法では、ビデオやパソコンによる遺言は認められていません。

ところで、遺言書が見つかったら、どうすればいいでしょう。公正証書遺言以外の普通方式遺言は、**家庭裁判所の検認手続きを**経ないと遺言の執行ができません。遺言書の保管者や発見した相続人は、相続の開始（被相続人の死亡）を知った場合、遅滞なく検認手続きを申し立てる必要があります（1004条。次頁図解参照。公正証書

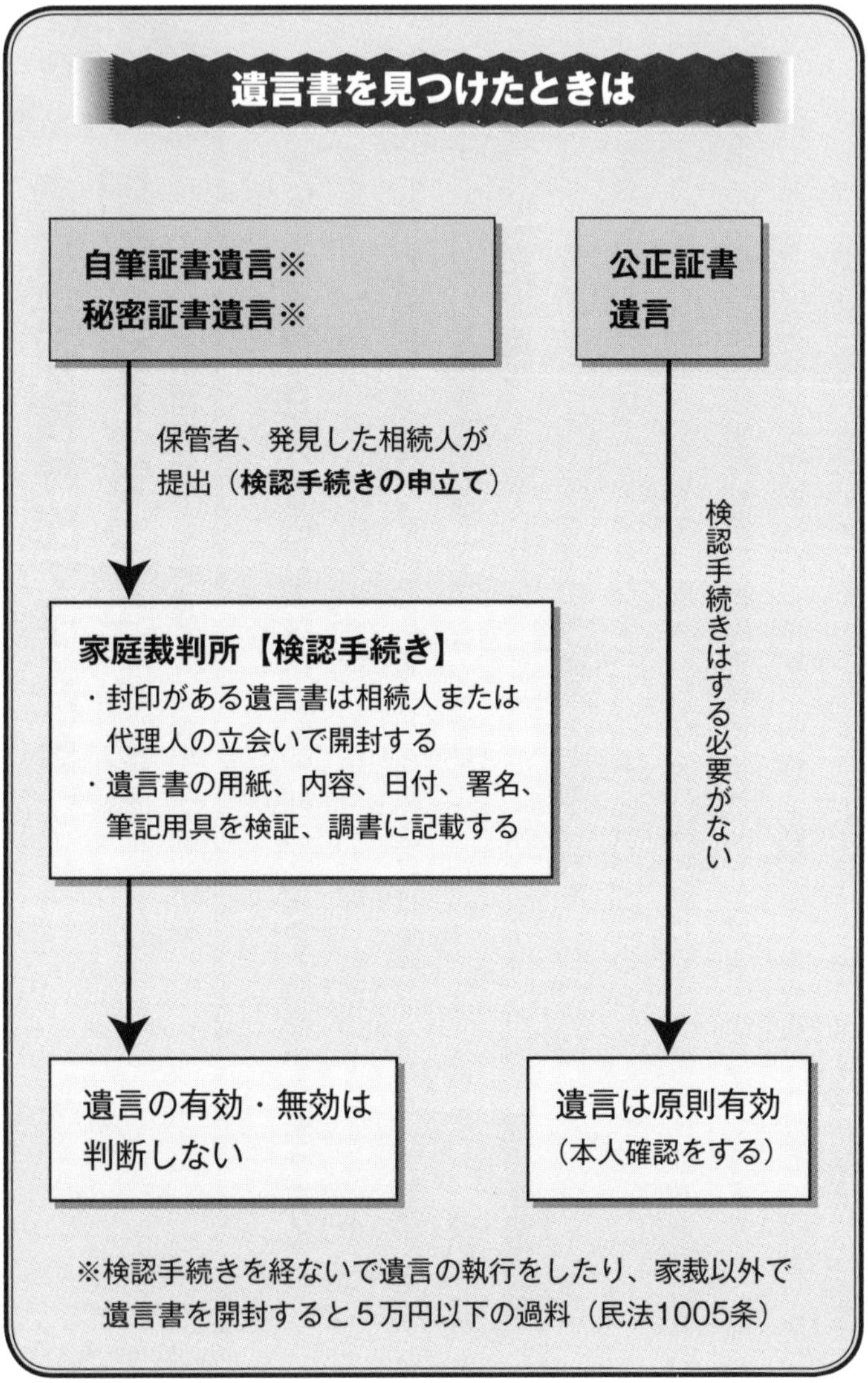
遺言書を見つけたときは
自筆証書遺言※
秘密証書遺言※
公正証書遺言
保管者、発見した相続人が提出（検認手続きの申立て）
検認手続きはする必要がない
家庭裁判所【検認手続き】
・封印がある遺言書は相続人または代理人の立会いで開封する
・遺言書の用紙、内容、日付、署名、筆記用具を検証、調書に記載する
遺言の有効・無効は判断しない
遺言は原則有効（本人確認をする）
※検認手続きを経ないで遺言の執行をしたり、家裁以外で遺言書を開封すると５万円以下の過料（民法1005条）

遺言以外は家庭裁判所の検認手続きが必要)。

検認手続きというのは、その遺言書がちゃんと民法の定める方式で作られているかどうか、訂正方法が間違っていないかなど形式面の検証と、遺言の内容を調書に書き写して明確にし、相続人などに返還された遺言書が偽造や変造されるのを防ぐ保全を目的とした手続きで、遺言書の内容については審理をしません。

なお、公正証書遺言だけが検認手続きをしなくてもいい理由は、公証人という法律のプロが作成するからです。方式や訂正方法などの間違いをすることはまず考えられませんし、原本が公証役場に保存されるので偽造や変造も難しいからでしょう。

◆複数の遺言書が出てきたら、相続調停を申し立てるといい

検認手続きは遺言方式が正しいかどうかのチェックで、その遺言書が、本当に亡くなった人(被相続人)が書いたものかどうかの判断はしません。その真偽は筆跡鑑定をするしかありませんが、DNAや声紋と異なり、100%確実に真偽が判定できるとは言えないようです。実際、異なる後継者を指名した2通の遺言書の真偽をめぐる裁判で、その筆跡鑑定について、最高裁が最初の裁判とは真逆の判断を下した事件もあります(一澤帆布工業事件・平成21年6月23日決定)。

また、被相続人の死後、複数の遺言書が見つかりトラブルになることは珍しくありません。遺言書を何度も書き直す人も多いからです。どれも本人が書いたものなら、**①遺言書の日付が一番新しい遺言書が有効**です。自筆証書遺言か、公正証書遺言かは関係なく、「前の遺言を取り消す」という文言がなくてもかまいません。ただ、日付が新しい遺言書があれば、それより古い遺言全部が無効になるわけではなく、**②新しい遺言内容に抵触しない元の遺言内容は有効**のままです（民法1023条）。

もっとも、複数の遺言書が出てきた場合、その真偽については、法律や鑑定の素人では判断が難しいでしょう。相続人がそれぞれ自分に都合のいい内容の遺言書が本物だと主張すると、話合いはまずまとまりません。

こんな場合にも、相続調停が便利で有効です。話合いがまとまらない場合、**遺産に関する紛争調整調停**を家庭裁判所に申し立てたらいいでしょう。

POINT

遺言書を何度も書き替える被相続人も多いので、複数の遺言書が出てきた場合、検認手続きを終えたら調停を申し立てることです。

8 自分に不利な遺言書が出てきたら相続調停を申し立てるのも一つの手

・・・必ずしも遺言通りに分ける必要はない

◆相続人が合意すれば遺言と異なる遺産分けもできる

遺言で遺産（相続財産）の分け方を指定しておけば、自分の財産を思い通りに遺族に受け取らせることが可能です（**私的財産制度の原則**）。遺言は、亡くなった人（被相続人）の最後の意思表示ですから、その内容は尊重されなければなりません。

たとえば「長男には自宅を、次男には自動車を相続させる」とか、「各自の相続分は、妻が3分の1、残りの3分の2は4人の子どもたちが均等に分けることとする」など、遺産を誰にどう分けるか具体的な指定がなされている場合、相続人は遺言者（被相続人）の指定通りに遺産分けをするのが原則です。

しかし、遺産（相続財産）は一方で、相続人の共有財産でもあります。遺産を実際に活用するのは受け取った相続人です。そこで、相続人全員が話し合って合意すれば、遺言者の指定内容とは異なる相続分や遺産分割も許されます。遺言執行者がいる場合でも、遺言とは異なる合意内容を認めてくれることもあるようです。ただし、第三者への遺贈、認知、分割禁止など、遺言内容を変えられない場合もあります。

◆遺言内容が不利だと思ったら相続調停に持ち込んでみる方法もある

遺言内容は被相続人が自由に決められますから、特定の相続人に極端に不利な遺産分けの指定もできます。この場合、遺言を尊重しろと言われても、該当する相続人は納得しないでしょう。当然、他の相続人に取り分を増やせなどと要求するはずです。

他の相続人が話合いに応じない場合、諦めることはありません。相続調停を起こすのも一つの手です。一般的に、調停委員は遺言通りの執行をするように助言しますが、調停の場で、新たに遺留分侵害や特別受益を受けた相続人の存在がわかることもあります。そうなれば、調停委員の助言内容も変わってくる可能性もあるからです。

POINT

自分に不利な遺言書を見つけても、慌てて破棄しないでください。他の相続人との話合いや調停で取り分を増やせる可能性もあります。

9

不利な遺産分割を押し付けられそうなときは迷わず相続調停を申し立てよう

…遺産分割協議は納得しなければ合意する必要はない

◆自宅以外に遺産がない場合は他の相続人に差額を払う方法もある

遺産（相続財産）には、現金や預貯金の他、自宅の土地建物など不動産、自動車、株式、貴金属、その他の動産（衣類、家電製品など家財一式）など様々な資産があります。住宅ローンなどの借金も遺産です。そのすべてを換金（現金化）して分けるのなら、各自の相続分さえ決まれば後は簡単です（**換金分割**）。

しかし、被相続人の自宅に住む相続人は、他の相続人に対し、自宅を相続したいと言うでしょうし、その事業を継いだ相続人は、被相続人の持ち株を寄こせと主張するでしょう。この場合、現物を相続分に応じて分ければいいのですが（**現物分割**）、換価分割のようにキッチリ相続分で分けることは不可能ですし、また相続した現物の資産価値をめぐり不満も出やすいのです。こんな場合、資産価値の高い現物を相続した人が、その差額を他の相続人に支払って解決する方法もあります（**代償分割**）。

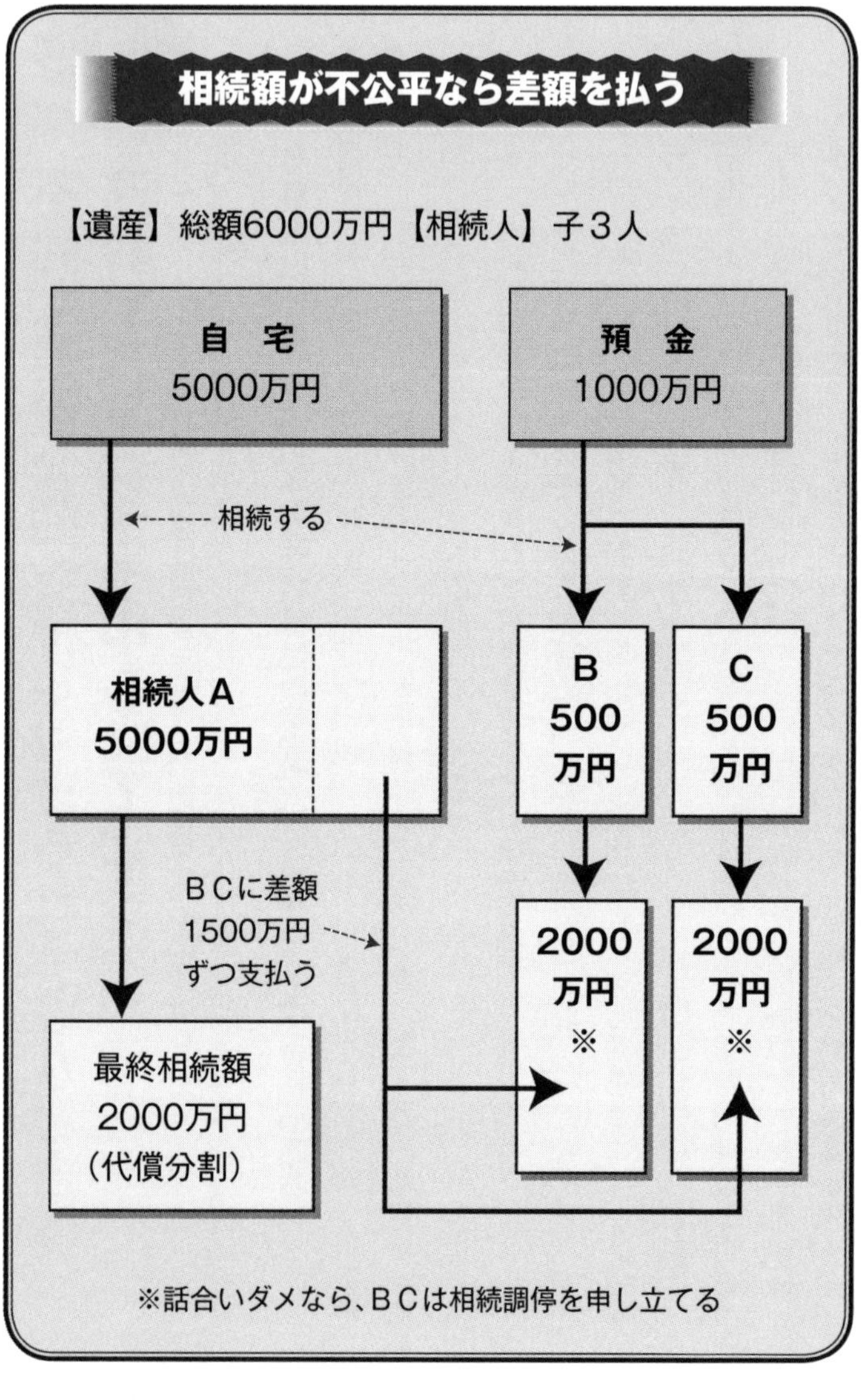

相続額が不公平なら差額を払う
【遺産】総額6000万円【相続人】子３人
自　宅
5000万円
預　金
1000万円
相続する
相続人A
5000万円
B
500
万円
C
500
万円
ＢＣに差額
1500万円
ずつ支払う
2000
万円
※
2000
万円
※
最終相続額
2000万円
（代償分割）
※話合いダメなら、ＢＣは相続調停を申し立てる

たとえば、自宅以外にめぼしい遺産がなければ、自宅をもらう相続人と他の相続人との取り分は不公平です。仮に、遺産が総額6000万円（自宅5000万円、預金1000万円）で、相続人は子3人としましょう。法定相続分通りに分けると、1人2000万円ずつです。ただ、1人が自宅を相続すると、他の2人は500万円ずつしかもらえません。2人が納得しなければ、この遺産分割協議は不成立です。しかし、自宅を相続する代わりに、2人に法定相続分との差額1人1500万円ずつ払えば、相手も納得してくれるのではないでしょうか（右頁図解参照）。

言い換えれば、このようなケースで、相手が差額の支払いに応じなかったり、納得できる金額を示さない場合、不利な遺産分割を押し付けられそうな相続人は話合いを中断し、家庭裁判所に相続調停を申し立てればいいのです。自分に不利な遺産分けを受け入れる必要はありません。

POINT

他の相続人から不利な遺産分割を押し付けられそうになったら、無理に話合いを続けず、家庭裁判所に相続調停を申し立てることです。

10 他の相続人が寄与分を認めないときは相続調停を申し立てる方法もある

…被相続人の財産の維持、増加への貢献度がポイント

◆亡くなった人の世話をしているだけでは寄与分は認められない

亡くなった人（被相続人）の事業や商売を手伝うなどして、その資産の維持や増加に貢献（**特別の寄与**）をした共同相続人（**寄与者**）は、被相続人の遺産の中から相続分とは別に、その貢献分を**寄与分**としてもらえます（民法９０４条の２）。この場合、他の共同相続人との話合いや調停で分ける遺産は、亡くなった人が残した遺産の総額から寄与分を差し引いた金額（**みなし相続財産**）で、寄与者の相続分は、みなし相続財産から算出した相続分に寄与分を加えたものです（左頁図解参照）。

共同相続人が寄与分をもらえる**特別の寄与**について法律では、①**被相続人の事業に関する労務の提供または財産の給付**、②**被相続人の療養看護**、③**その他①②に準ずる方法**の３つを例示しています（３章具体例14、巻末具体的記載例③～⑤参照）。なお、②については、被相続人と同居する妻が食事などの世話をしたり、近くに住む子ども

寄与分がある遺産の取り分は

【遺産】総額1200万円【相続人】子３人

①寄与分ない場合の遺産の取り分は

子A	子B	子C
400万円	400万円	400万円

②寄与分300万円がある場合の遺産の取り分は

Ａが被相続人の財産維持、増加に特別の
寄与をしている場合の遺産総額

↓

寄与分
300万円
相続人Ａに

↓

みなし相続財産900万円
（＝遺産総額－寄与分）
ＡＢＣは各自300万円ずつ

※Ａは寄与分を合わせて600万円をもらえる。
ＢＣが寄与分認めなければ、Ａは調停申し立てる。

が時々様子を見にきて家事を手伝うだけでは特別の寄与には当たりません。ただし、相続人の妻が、ずっと被相続人の身の回りの世話をしてきた場合には、特別の寄与として共同相続人に「**特別寄与料**」を請求できる場合もあります（民法１０５０条）。

◆他の相続人が寄与分を認めてくれないときは相続調停を申し立てろ

寄与分のある遺産相続では、寄与者以外の共同相続人は寄与分を取られない場合と比べ、それぞれの相続分が大きく減ります。そのため、遺産相続の話合い（遺産分割協議）で、寄与分を認めないと主張する共同相続人も少なくありません。しかし、子が親の仕事を手伝っているような場合には、一般的に寄与分が認められます。

寄与分を他の相続人が認めようとしないため遺産分割協議が進まない場合、話合いを続けるより、「**寄与分を定める調停**」を申し立てるといいでしょう。

POINT

他の相続人が寄与分は認めても、寄与分をいくらにするかで話合いがまとまらないこともあります。そんな時も相続調停が便利です。

11 遺留分侵害の遺贈は相続調停を申し立てて受遺者からその侵害額を支払ってもらおう

…妻子の取り分は遺言でも奪えない

◆被相続人の兄弟姉妹以外の相続人には遺留分がある

自分の財産はその死後も自由に処分できますが、特定の相続人や第三者に遺産全部を遺贈できるわけではありません。被相続人は一定の範囲の相続人には、次の割合の遺産を**遺留分**として残さなければならないのです（民法1042条）。

①　**相続人が父母、祖父母など直系尊属のみの場合　遺産の3分の1**

②　**①以外の相続人　遺産の2分の1（兄弟姉妹の相続人には遺留分はない）**

遺留分を侵害された①②の相続人（**遺留分権利者**）は、被相続人から遺留分を侵害する贈与や遺贈を受けた人（**受遺者**。相続人含む）に対し、遺留分侵害額に相当する金銭の支払いを求めることができます（**遺留分侵害額請求権**の行使。次頁図解参照。民法1046条）。なお、**遺留分算定の基準となる財産**は、**相続開始時の財産に相続開始前1年以内の生前贈与（相続人への贈与は10年以内）を加え、債務を差し引いた金**

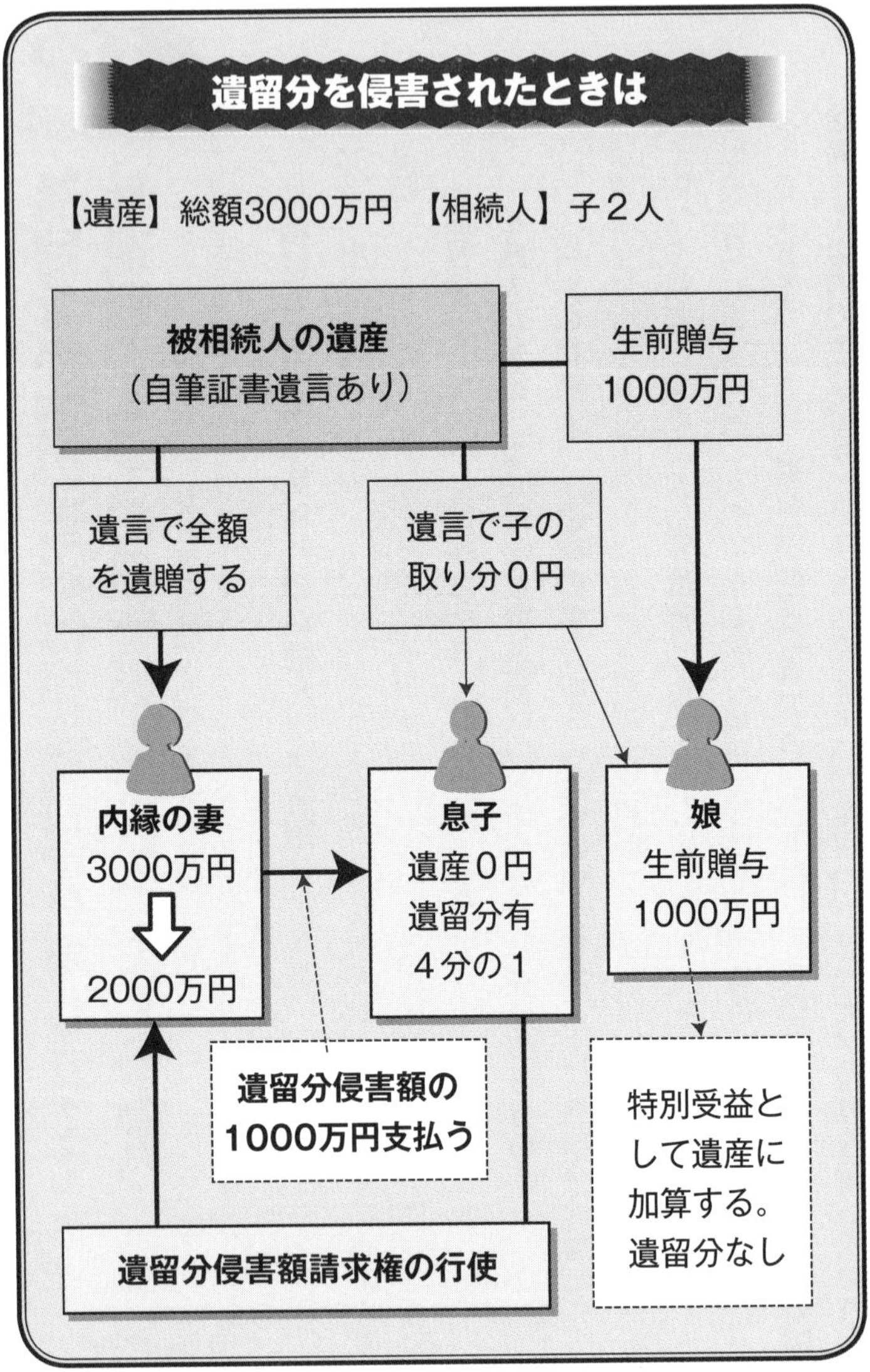
遺留分を侵害されたときは
【遺産】総額3000万円　【相続人】子２人
被相続人の遺産
（自筆証書遺言あり）
生前贈与
1000万円
遺言で全額
を遺贈する
遺言で子の
取り分０円
内縁の妻
3000万円
2000万円
息子
遺産０円
遺留分有
４分の１
娘
生前贈与
1000万円
遺留分侵害額の
1000万円支払う
特別受益と
して遺産に
加算する。
遺留分なし
遺留分侵害額請求権の行使

額です。ただし、1年以上前の贈与でも、遺留分侵害を贈与の当事者双方が知っていた場合や特別受益に当たる贈与は算定額に加えます。

◆侵害額の支払いを要求しても払わない相手には相続調停を申し立てろ

遺留分侵害額請求権は相手にその意思表示をするだけで効力が生じます（内容証明郵便によるのが一般的）が、請求できるのはその事実を知った時から1年以内、相続開始から10年以内です。なお、請求しても相手が素直に支払いをしない場合、**「遺留分侵害額の請求調停」**を家庭裁判所に申し立ててください（3章具体例17、巻末具体的記載例⑩参照）。ただし、令和元年7月1日より前に開始した相続については、この調停ではなく、「遺留分減殺請求による物件返還請求調停」を申し立てます（侵害の限度で生前贈与または遺贈された物件の返還または代償金の支払いを求める）。

POINT

遺留分侵害額の請求をしても相手が支払いをしてくれないときは、家庭裁判所に相続調停を申し立ててください。

12

生前贈与を遺産に含めることを認めない共同相続人には相続調停を起こすといい

…生前贈与は特別受益として遺産に含める

◆生前贈与された商売の元手や嫁入りの高額持参金は遺産の先払い

遺産分けの話合い（遺産分割協議）は、各自の相続分と遺産の総額さえ決まれば、後はスムースに進みます。ただ、被相続人から高額な生前贈与を受けた相続人がいると、その分を遺産に「含める」「含めない」で話合いは紛糾しがちです。相続人が受け取った生前贈与を**特別受益**といい、法律ではその分も相続時の財産に加算して、遺産分けの相続財産とみなすことになっています（民法９０３条１項。次頁図解参照）。

具体的には、①**被相続人からの遺贈**、②**結婚、養子縁組のための贈与**（嫁入り道具や持参金で、結婚式の費用は通常入れない）、③**生計の資本としての贈与**です。他に、特定の相続人が受け取った**著しく高額な生命保険金や死亡保険金**も特定受益に含めるとした判例もあります。なお、大学の学費は、私立医大や海外留学などで著しく高額な費用を出してもらった場合を除けば、特別受益に含める必要はないでしょう。また、

生前贈与がある場合の遺産の分け方

【遺産】 総額1200万円　**【相続人】** 子３人
【生前贈与】 相続人全員が受け取っている

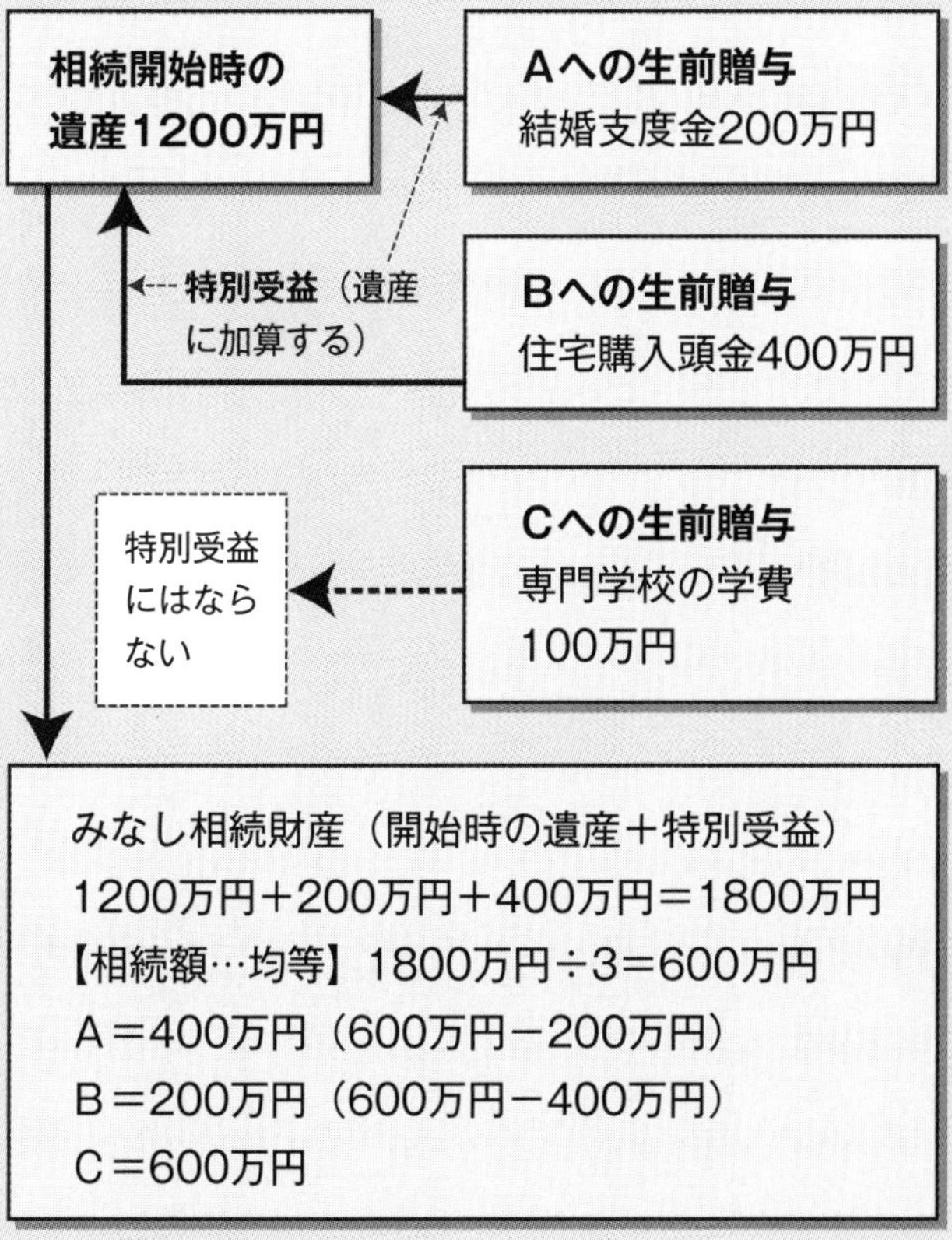

結婚20年以上の夫婦の一方（被相続人）が他方に居住用不動産を遺贈または贈与した場合は、特別受益に含めない意思表示をしたものと推定します（同条4項）。

◆生前贈与を特別受益に含めるかどうか、揉めたら相続調停にする方法もある

前頁の図解は、3人の子どもが遺産を法定相続分で分けた場合です。各自の取り分は計算上均等ですが、遺産分割をする時点での実際の受取額は、生前贈与を特別受益とされた相続人ほど少なくなります。そのため、特別受益に含めるかどうかで揉めるケースも多いのです。たとえば、贈与から10年以上経っていて、もらったこと自体を忘れているような相続人は、特別受益に含めることに反対するでしょう。

話合いがまとまらない場合、家庭裁判所に相続調停を申し立て、調停委員を含めて話し合うと、**生前贈与は遺産の先払い**だったと、納得してくれる相続人もいます。

POINT

遺産分けの際、生前贈与を特別受益として遺産に含めるかどうかで揉めた場合、家庭裁判所の相続調停で解決を図る方法があります。

第2章

事前の準備が十分なら相続調停は有利に運ぶ

★遺産（相続財産）の範囲を把握する
★調停の申立書はダウンロードできる・ほか

遺産の分け方（相続分）が決まらない

遺産分割調停
＊遺言書や遺産分割協議で決まった遺産は除く

紛争内容が相続人全員に及ぶ事件は上の調停も

相続人や遺産の範囲などが決まらない
相続の話合いができない

遺産に関する紛争調整調停
・遺産や相続人の確定
・相続に関する紛争全般

被相続人の財産維持増加に寄与したのに寄与分がない

寄与分を定める処分調停
特別の寄与に関する処分調停（相続人でない親族による寄与）

遺留分を侵害されている

遺留分侵害額請求調停
遺留分減殺請求による物件返還調停（令和元年7月1日より前に開始した相続）

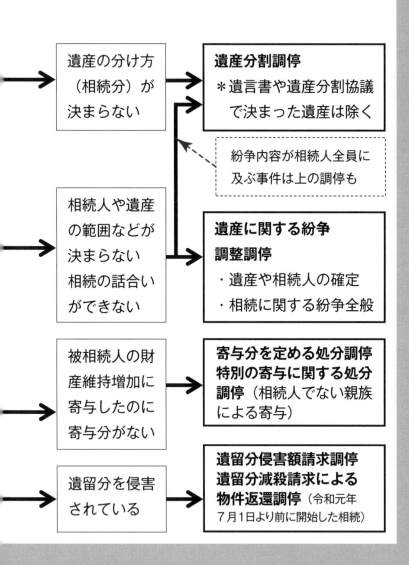

●相続調停の申立ての流れ

相続人※
（申立人）

共同相続人
（相手方）

【相続をめぐる話合い】

★遺産分割など相続についての申入れ

★遺産と相続人の範囲と相続分の話合い

①**相続人の範囲**（婚姻外の子の有無、相続欠格者などの確定）

②**遺産の範囲**（特別受益など遺産に含める財産の確定）

③**遺言の有無**

④**遺産分割方法**（各自の遺産の取り分＝相続分を決める）

遺産と相続人の範囲は合意

上記の合意ができない

※申立人には包括受遺者や相続分の譲受人など利害関係者がなる場合もある。

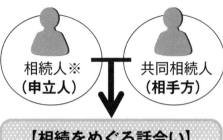

1 遺産分けの話合いや調停をする前に亡くなった人の遺産を把握しておこう

…財産目録を作るとわかりやすい

◆遺産分けをするには遺産の総額を知る必要がある

遺言による指定がなければ、遺産分けは共同相続人による話合い（**遺産分割協議**）で決めますが、話合いに応じない相続人がいたり、自分に都合のいい遺産分けを強硬に主張する相続人がいると、その協議はまとまりません。そんな場合には家庭裁判所に**相続調停（遺産分割調停、遺産に関する紛争調整調停）**を起こせばいいと、前章で紹介しました。

相続調停では、申立書に亡くなった人（被相続人）の遺産目録も記載することになっています（具体的な書き方は101ページからの**サンプル2**参照）。話合いが上手く進まないと感じたら、具体的に、どんな遺産があるか、その総額はいくらになるか、わかる範囲で調べて遺産の一覧（遺産目録）を作っておくといいでしょう（不動産、株式など遺産の種類ごとの評価方法は左頁表参照）。最初はメモで十分です。

●遺産（相続財産）とはどんなものか

――遺産目録に載せたいもの――

相続財産の種類	遺産分割で使う遺産評価の仕方（遺産目録に載せる内容など）
預貯金	相続開始日の残高。高額な利子の付くものは財産目録作成日までの経過利子も加算（金融機関ごとに、定期性預金と普通預金など流動性預金とに分けて、口座ごとに残高を記載。満期日や利率なども） ※投資信託、仕組債などの金融商品、国債なども、額面や預入条件を同様に記載）
土地建物	原則として時価（実際の取引価格）で評価する。一般的には周辺の不動産売買の価格を参考にすればよい。不動産鑑定士などに鑑定してもらうと正確だが費用がかかる。（所在、地籍、建物面積、用途＝たとえば居住用など、現況＝更地など、その物件を特定できる事項を記載）

株式	上場株式は、その株式が上場されている証券取引所における相続開始日の終値 非上場株式は、小会社は純資産価額方式、大会社は類似業種比準価額方式、中会社は2つの方式を併用して算定する（銘柄、株数、譲渡制限の有無などを記載）
自動車	売却価格。クラッシックカーなど骨董的な価値がある車以外は中古車の価格になる（車種、年式、ナンバー、実際の使用者が別人の場合は使用者名も記載）
書画骨董 （美術品） **宝石類・** **貴金属類**	市場での取引価格。被相続人が高額で購入したものでも専門家に鑑定してもらうと、真っ赤な偽物、二束三文ということも多い（鑑定書のある品や高額な品は、1点ずつ記載するといい）
家具什器 **衣料品** **愛好品**	中古品の調達価格。文具類やコートなど、被相続人の日常の使用品は形見にはなるが金銭的価値はない（記載は原則不要）

◆遺産の総額や内容がわかると、話合いで済むこともある

それまで仲の良かった家族が、遺産相続を境に関係が悪化したという話は良く聞きます。その原因のほとんどは遺産の取り分です。自分はもっと遺産をもらえるのではないか、たとえば他の相続人が生前贈与などで遺産の前払いを受けていないか、遺産隠しをしていないかなどと、疑心暗鬼になってしまうからだと思います。

しかし、事前に簡単な遺産メモを作って、それを他の相続人に回覧すると、互いにもらった生前贈与や漏れている遺産について知っている情報を暴露し合うはずです。このようにして遺産分割協議に入る前に遺産目録を作っておくと、生前贈与も同居の相続人が被相続人の預金通帳や宝石類を隠すこともできません。遺産の総額や内容が確定しているのですから、相続分が決まれば話合いもスムースに進みます。話合いがまとまらずに相続調停になっても、この遺産目録があると中立書作成に便利です。

POINT

相続が開始したら、どんな遺産があるか総額いくらになるか、簡単なメモを作っておくと、遺産分割協議や相続調停に使えて便利です。

2

他の相続人の同意がなくても遺産の内容は調べられる

…土地建物は課税台帳や登記事項で調べればいい

◆他の相続人が遺産目録の作成に非協力的なら1人でもできる

被相続人が亡くなった事実（**相続開始**）を知ったら、相続人はできるだけ早く遺産目録を作るといいでしょう。メモでかまいません。遺産にはマイナスの遺産（借金や債務）もあり、遺産をもらわない（相続放棄）方がいいこともあるのです（相続放棄は相続開始を知った時から3か月以内にしないと相続したことになる。民法915条1項）。この目録があると、他の相続人が被相続人の預金を勝手に引き出したり、遺産を隠匿することも防げますし、遺産分けの話合いや相続調停の申立てにも使えます。

なお、被相続人の遺産を調べるのに、他の共同相続人の同意は不要です。法律上、相続を承認するか、それとも放棄するか、相続人はその結論を出すために遺産の調査をすることが認められています（同条2項）。他の相続人が、遺産目録の作成に非協力的な場合には、自分1人で調べてもいいのです。

◆被相続人の死亡を取引銀行に伝えれば預金の引出しは防げる

一般の家庭では、高価（評価額の高い遺産）な遺産といえば、自宅不動産と預貯金でしょう。この遺産の有無と評価額（不動産は市場価格、預貯金は残高）がわかれば、遺産分けの話合いには十分です。不動産は、その所在地の最寄りの法務局（登記所）で登記事項証明書を請求できますし、都道府県の税務事務所の課税台帳を閲覧すれば固定資産税評価額がわかります。預貯金は、銀行や郵便局など金融機関に被相続人の死亡と相続開始を知らせると、その預貯金すべての残高を教えてもらえるはずです。

なお、相続開始を知らせると、金融機関は遺産分割協議が終わるまで、通帳や印鑑、キャッシュカードを持っている共同相続人でも、預貯金の引出しに原則応じません。ただし、各共同相続人が生活費や葬儀費用として、「預貯金残高の3分の1×法定相続分（各行上限150万円）」まで引き出すことは可能です（民法909条の2）。

POINT

遺産目録は遺産分けの話合いにも相続調停をする場合にも必要なものです。他の相続人が非協力的なら自分1人で作ればいいでしょう。

3

亡くなる前後の被相続人の財産の動きは領収証がなければメモで残しておくといい

……香典や葬儀費用は相続財産にはならない

◆相続人は祭祀財産をもらっても、その相続分が減ることはない

遺産には、預貯金や不動産、自動車、株式など遺産分割の対象になる**相続財産**以外に、先祖代々の家系図や仏壇、仏具、位牌、神体、墓所などもあります。**祭祀財産**といい、相続財産には含まれません。分割されることなく、**祭祀を主宰する者**が単独で承継します（民法897条）。必ずしも相続人である必要はなく、また喪主でなくてもかまいませんが、この本では喪主を務める相続人が祭祀承継者の場合を説明します。

喪主である相続人は祭祀財産を受け取っても、本来の相続財産の取り分が減ることはありません（左頁図解参照）。しかし、被相続人の葬儀費用がかかるから相続分を増やせということも言えないのです。その葬儀費用を誰が負担するか、法律には明確な定めはありませんが、一般的には祭祀承継者の喪主が負担すると考えられています。この考え方では、喪主は他の相続人に費用の負担を求めることはできません。

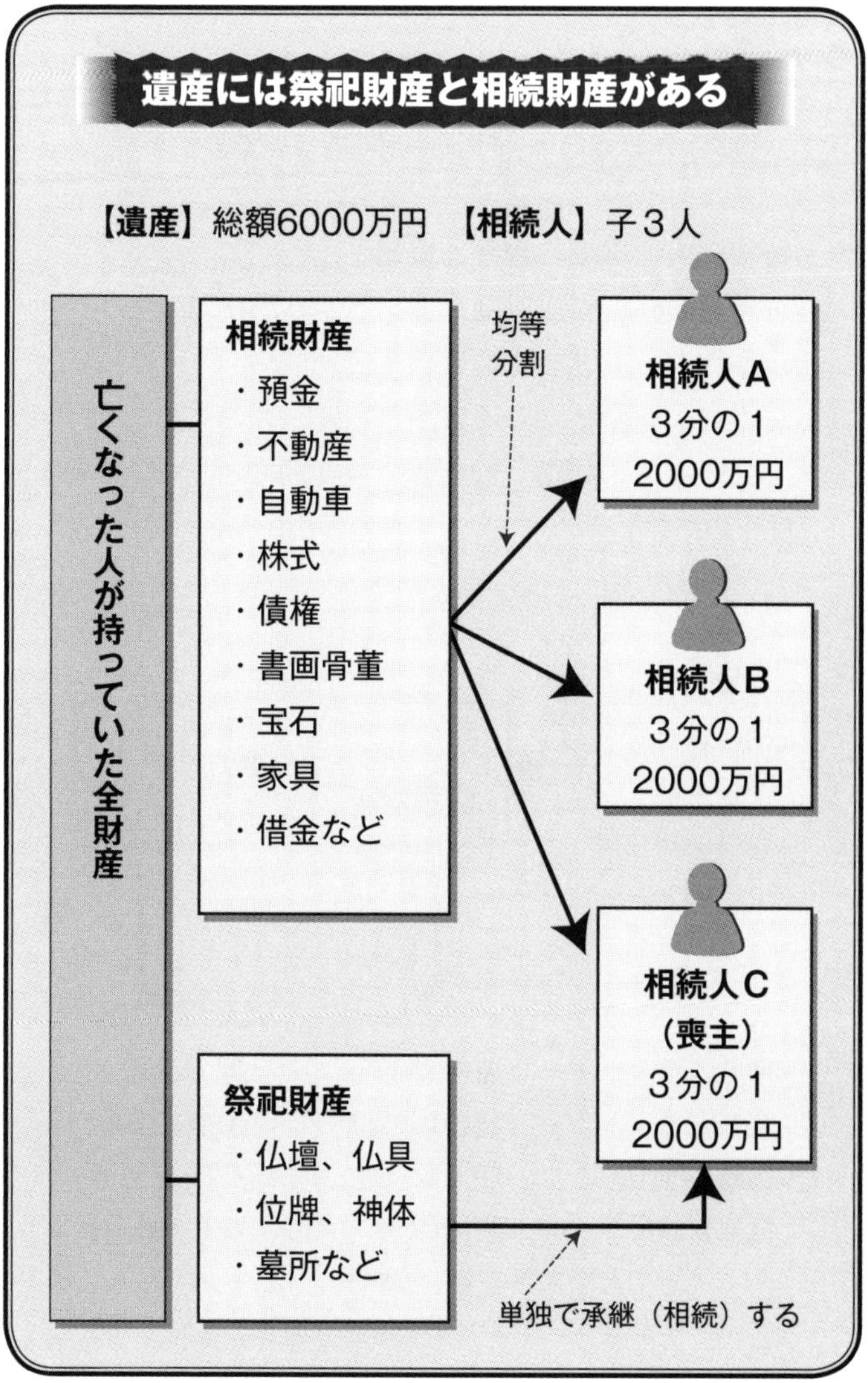
遺産には祭祀財産と相続財産がある
【遺産】総額6000万円　【相続人】子３人
亡くなった人が持っていた全財産
相続財産
・預金
・不動産
・自動車
・株式
・債権
・書画骨董
・宝石
・家具
・借金など
均等分割
相続人A
３分の１
2000万円
相続人B
３分の１
2000万円
相続人C
（喪主）
３分の１
2000万円
祭祀財産
・仏壇、仏具
・位牌、神体
・墓所など
単独で承継（相続）する

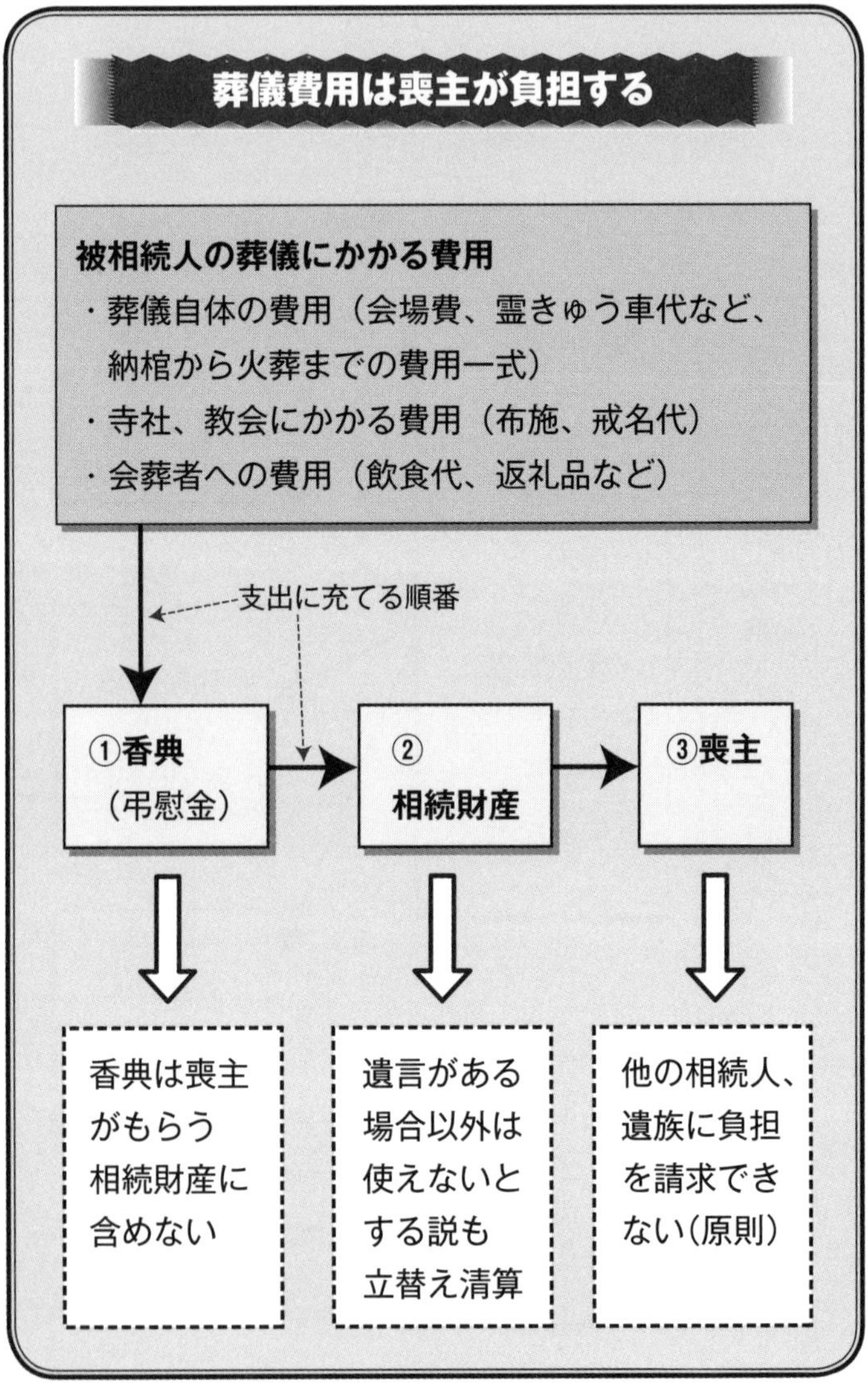

葬儀費用は喪主が負担する
被相続人の葬儀にかかる費用
・葬儀自体の費用（会場費、霊きゅう車代など、納棺から火葬までの費用一式）
・寺社、教会にかかる費用（布施、戒名代）
・会葬者への費用（飲食代、返礼品など）
支出に充てる順番
①香典（弔慰金）
②相続財産
③喪主
香典は喪主がもらう相続財産に含めない
遺言がある場合以外は使えないとする説も立替え清算
他の相続人、遺族に負担を請求できない（原則）

◆葬儀費用の負担で揉めたら相続調停で話し合う方法もある

葬儀費用は、まず香典を充て、次に相続財産から支出し、足りない費用を喪主が負担します（右頁図解参照）。②については民法885条（相続に関する費用）の適用対象外とする考えもあり、遺言による指定がない支出はトラブルになる可能性もあるので、事前に相続人の合意を取り付けておくことです。なお、葬儀費用を相続人が応分に負担するという判例（東京高裁・昭和28年9月4日判決）もありますので、喪主としては遺産分けする相続財産は葬儀費用をここから支出した残りの財産だと主張し、話合いがダメなら相続調停を起こしてもいいでしょう。

いずれにしろ、被相続人の葬儀の前後には、葬儀費用だけでなく、病院への支払いなど様々な出費が考えられます。立替え払いも多いでしょう。喪主や相続人は支出分の領収書がなければ、メモを必ず残しておくことです。後々、証拠になります。

POINT

葬儀費用は喪主が負担しますが、その分を遺産から余分にもらえるわけではありません。ただし調停で費用負担を求める手はあります。

4

他の相続人がもらった特別受益は相続調停にした方が見つけやすい

…調停では遺産の調査はしてくれない

◆どんな遺産があるか自分で調べるしかない

遺産分割調停を起こす場合には申立書に遺産目録を付けることは、この章の始めに紹介しました（101ページからの**サンプル2参照**）。ただ、**申立人**は被相続人の全遺産を把握しているとは限りません。他の相続人（**相手方**）が生前贈与をもらっていたり、被相続人名義の預貯金や株式などの証書類を保管している場合、相続人同士の話合い（遺産分割協議）では、その事実を正直に申告しない相続人もいるからです。

もちろん、遺産分割の調停を申し立てても、家庭裁判所が遺産目録記載の財産以外に遺産があるかどうか、たとえば他の相続人が遺産を隠していないかとか、被相続人に相続人の知らない隠し財産があったなど、申立人に代わって調べてくれるわけではありません（審判では、家庭裁判所が必要に応じて独自に調査や証拠調べをします。家事事件手続法56条1項）。他に遺産があるかどうかは、申立人が自分で調べるか、

遺産分けの対象となる財産とは

遺産分けの対象となる
遺産（相続財産）の範囲

＝

相続開始時に被相続人が所有していた財産

－

寄与分（財産の維持増加に特別の寄与）

＋

特別受益（結婚支度金、生計の資本など）

－

相続財産に関する費用・現存しない財産

相手方の協力を期待するしかないのです。ただ、中立人が調停の場で、他にも遺産があるはずだが特定できないという趣旨の発言をすると、調停委員は必ず相手方に、他に相続財産はないか、生前贈与がないか等の確認をします。正直に答えなくても、裁判と違って直接不利になりはしませんが、相手方が複数の場合には、有利に事を運ぼうと他の相続人の生前贈与や隠匿資産などを明かすことも珍しくありません。

調停の場で相手方から隠れた遺産情報を引き出すためにも、申立人は**調停申立書**の**「申立ての主旨」**欄や**事情説明書**に、その旨を記載しておくことです。これらの書式は事前に相手方に送られるので、相手方へのブラフになります。

なお、相続の対象になる遺産とは、被相続人が亡くなった時（相続開始時）に所有していた財産から、寄与分を差し引き、特別受益とみなされる生前贈与を加えたものです（前頁図解参照）。たとえば、他の相続人が生前贈与をもらっている場合、それを特別受益に含めるかどうかで遺産の取り分は大きく異なります。また、寄与分のある相続人がいると、他の相続人の取り分は少なくなります。こんな場合、相続人同士の話合いはまずまとまりません。

当事者は遺産分割協議の途中でも、調停になった場合に備えて、できる限り被相続人の遺産についての情報を集めておくといいでしょう。また、遺産を隠している相手方は、その事実を調停では正直に話すべきです。調停期日までに提出する答弁書などで、自分が保管する遺産について申告しておくと、調停の場で話すより、調停委員の印象はより良くなります（調停委員との付き合い方は第3章参照）。

◆ダラダラ話合いが長引くと遺産が散逸しやすい

遺産分けの話合いがまとまらないまま長引くと、相続人の中には保管している遺産を勝手に処分する人もいて、遺産が散逸したり、目減りしてしまうこともあります。これでは、せっかく遺産分割協議をまとめても、相続人がもらう遺産が残っていないということにもなりかねません。話合いがまとまりそうもない場合、早めに相続調停など家庭裁判所の手続きを利用すべきです。

なお、遺産分割調停は不調（不成立）なら、自動的に審判手続きに移行します。

POINT

生前贈与を特別受益に含めるかどうかで揉めている場合、相続調停にした方がはっきりします。

5 遺言書があるかないかを確認し封がしてなければ内容を確かめよう

……不利な遺言内容なら調停を起こせばいい

◆自分に不利な遺言書でも絶対に破り捨てたり、隠したりしないこと

被相続人の死後、遺言書が何通も出てくることがあります。遺言様式に則り、本人の意思で書かれたものなら、それが自筆証書遺言でも公正証書遺言でも、新しい日付のものが原則有効です（1章7項参照）。もっとも、相続人なら誰でも、自分に有利な内容の遺言書こそ本物で有効だと思いたいのではないでしょうか。しかし、その遺言書が本物かどうか見極めるのは容易ではありません。たとえば、一番安全と言われる公正証書遺言も、被相続人の実印と印鑑登録証を保管する相続人が証人2人とグルになれば、公証人をダマして自分に有利な遺言書を作成することも可能なのです。

遺産分けの話合いで自分に不利な内容の遺言書が出てきたからといって、相続人は慌てたり怒ったりする必要はありません。その遺言内容が不満なら、遺言書は被相続人自身の意思で書かれたものではないとして、相続調停を申し立てればいいのです。

◆遺言内容がわかっていると、事前に調停に向けての準備ができる

封印のある遺言書は検認手続きの前に開封する必要がありますが、**開封は家庭裁判所で相続人やその代理人立会いの下でしなければなりません**（民法1004条3項）。家庭裁判所以外で封印を破ると5万円以下の過料です（1005条）。

もっとも、遺言書が封印されていない場合は、家庭裁判所での検認手続きを待たずに、その内容を見てしまう相続人もいます。これ自体は過料の対象ではありませんし、そもそも家裁以外で開封しても、遺言書の効力自体に影響するわけでもありません。

ただ、自分に不利な遺言内容だと知って、その遺言書を破り捨てたり隠したりすると、**相続欠格者**となり、遺産はもらえなくなります（891条5号）。自分に不利な遺言書でも必ず検認手続きを済ませて、その内容に不服なら相続調停を申し立てればいいのです。少なくとも内容が分かっていれば、事前に調停に向けての準備はできます。

POINT

自分に不利な遺言書でも、その内容が事前にわかっていれば、相手より先に調停に向けての準備をすることもできます。

6

遺産相続の対象となる相続人の範囲を把握する

…被相続人の出生時まで戸籍を遡る

◆亡くなった時の戸籍だけを見ても全部の相続人はわからない

遺産分割の調停では、誰が遺産をもらえるのか、相続人の範囲を確定することから始めます。これは、被相続人の戸籍を調べるしか方法はありません。

戸籍は原則として、一組の夫婦とその子どもごとに作成されます（**夫婦同一戸籍の原則**）。たとえば、夫婦の片方が亡くなった場合、戸籍に子がいれば、相続人は残った配偶者と子どもです。しかし、子を相手の籍に残したまま離婚したり、結婚（婚姻）関係にない女性との間に生まれた子どもを認知してる場合など、死亡時の戸籍（**除籍謄本**）を見ただけでは被相続人にそんな子どもがいることはわかりません。

左頁にある山田家の家族関係図を見てください。亡くなった太郎さんの相続人は妻と子どもですが、彼には妻との間に生まれた3人の子ども以外にも、杉田恵さんとの間に英太さんがいます。ところが、太郎さんの死亡時の戸籍（花子さんのいる戸籍。

相続人の範囲（被相続人：山田太郎）

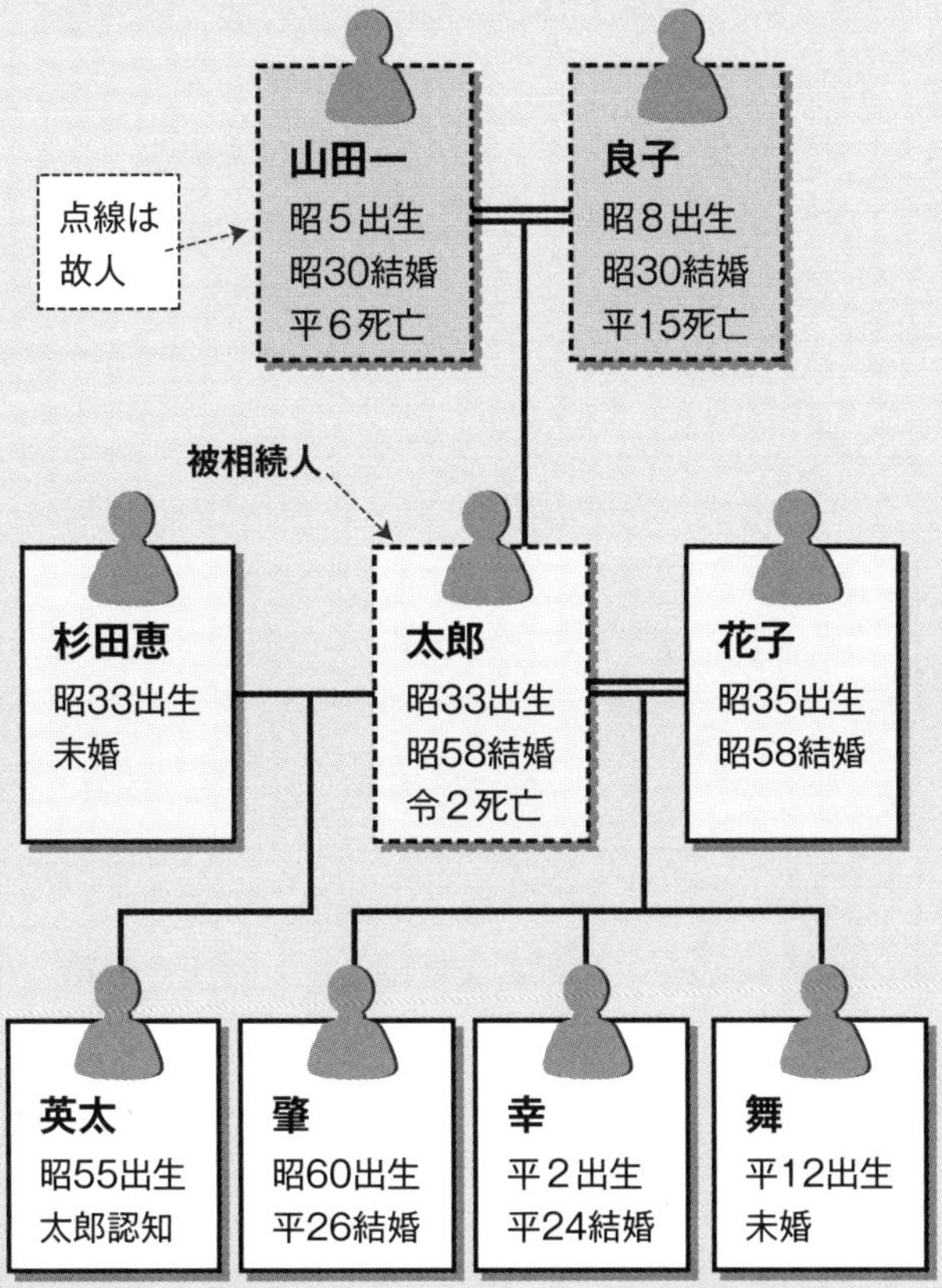

注：昭33→昭和33年、平12→平成12年、令２→令和２年の略

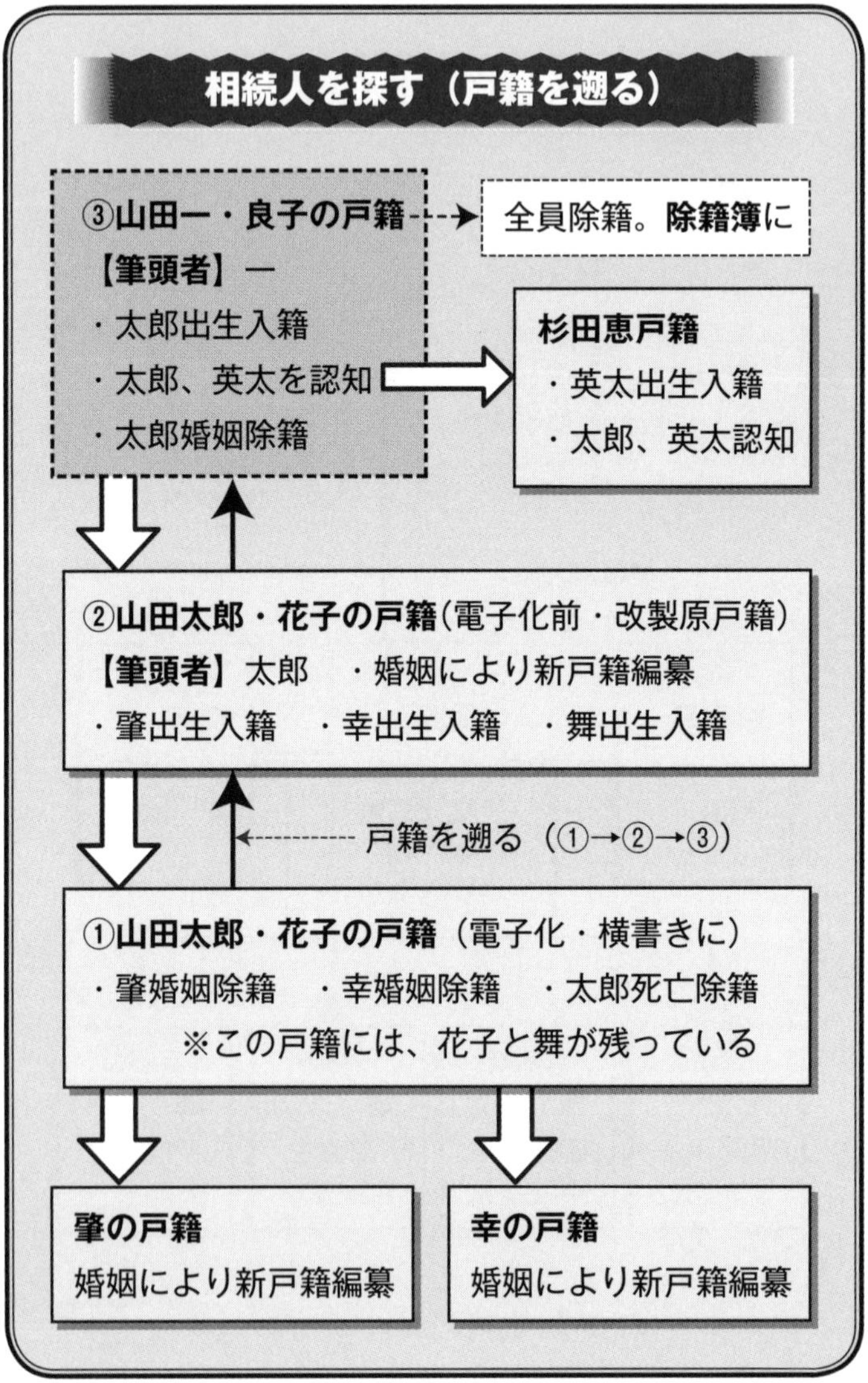
相続人を探す（戸籍を遡る）
③山田一・良子の戸籍
【筆頭者】一
・太郎出生入籍
・太郎、英太を認知
・太郎婚姻除籍
全員除籍。除籍簿に
杉田恵戸籍
・英太出生入籍
・太郎、英太認知
②山田太郎・花子の戸籍（電子化前・改製原戸籍）
【筆頭者】太郎　・婚姻により新戸籍編纂
・肇出生入籍　・幸出生入籍　・舞出生入籍
戸籍を遡る（①→②→③）
①山田太郎・花子の戸籍（電子化・横書きに）
・肇婚姻除籍　・幸婚姻除籍　・太郎死亡除籍
※この戸籍には、花子と舞が残っている
肇の戸籍
婚姻により新戸籍編纂
幸の戸籍
婚姻により新戸籍編纂

右頁図解①）を見ても、認知した英太さんのことは出てきません。

戸籍法で、英太さんの出生が太郎さんの結婚後なら夫婦の新戸籍に認知事項も記載されますが、結婚前に生まれたので、太郎さんはその父である一さんの戸籍にいて、認知事項もその身分欄に記載されたのです（次頁戸籍サンプル参照。結婚で一さんの戸籍から除籍されましたが、認知事項は新戸籍には移らない決まりです）。

◆被相続人の出生時まで遡って戸籍を調べる

すべての相続人を見つけるには、被相続人の戸籍を出生時まで遡るしかありません（右頁図解参照）。しかし、被相続人が本籍地を何度も変えていたり、本籍地が遠隔地の場合は、その**除籍謄本**（電子化されたものは**除籍全部事項証明書**という）を集めるだけでも相当な手間と時間がかかります。被相続人の出生から死亡までの除籍謄本は、相続調停の申立てに限らず、被相続人の預貯金引出しや所有不動産の名義変更手続きにも必要なので、葬儀が終わったら本籍地のあった各市区町村から早めに取り寄せておくといいでしょう。なお、太郎さんのケースでは、次のように戸籍を遡ります。

①改製から太郎さんの死亡までの戸籍（現在の在籍者は、妻花子さんと二女舞さん）

現在、戸籍簿はコンピューター入力になり横書きです（電子化という）。この戸籍

本籍	○○県○○市○○三丁目弐番地
氏名	山田　一

（省略）

昭和五拾五年八月七日○○県○○市○○六番地

杉田恵同籍英太を認知届出㊞

父	山田　一
母	良子
長男	
太郎	

には、電子化以降の戸籍在籍者の身分の動きが記載されます（長男肇さん、長女幸さんは婚姻により、太郎さんは死亡により除籍）。

②**太郎さんの結婚から改製までの戸籍**（改製原戸籍という・電子化される前の戸籍）

太郎さんが花子さんと結婚（婚姻）したことにより新しく作られた（編纂という）

戸籍です。電子化前の戸籍（縦書き）の動きが書かれていますが、花子さんとの間に生まれた3人の子ども以外に子ども（杉田恵さんとの間に生まれた英太さん）がいるかどうか、この戸籍を見てもわかりません。

③太郎さんの出生から結婚までの戸籍（在籍者がいないので除籍簿で管理）

太郎さんは、山田一さんと良子さん夫婦の実子として生まれ、花子さんと結婚して新戸籍を作るまで両親の籍に入っていました。英太さんが生まれたのは結婚する前で、認知した事実は「筆頭者山田一」の戸籍にあった太郎さんの身分事項欄に記載されたのです。

ここまで戸籍を遡ってようやく、太郎さんに妻以外の女性との間に英太さんという子どもがいたことがわかったのです。このように事前に、被相続人の戸籍を出生まで遡って調べておけば、後から予期せぬ相続人が現れる心配はまずないでしょう。

POINT

被相続人の戸籍をその出生まで遡り、すべての相続人を事前に把握できれば、遺産分けの話合いや調停で冷静な対応ができます。

7

相続調停に備えて遺産分割案を作ったら対立相手の相続人にも一応見せてみよう

…分割案は調停で話し合う叩き台になる

◆トラブルは損得計算より感情的なもつれが大きい

資産家、個人事業主、田畑や船舶を所有する農漁業従事者など一部の人を除けば、その遺産（相続財産）の大半は、自宅不動産、預貯金や株式という人が多いでしょう（各資産の評価方法は本章1項61頁表参照）。しかし、その総額がわずかでも、遺産分けで揉めて、以後、縁を切ってしまうという家族も少なくないようです。

ただ、その原因は、巷間言われる損得打算というより、感情的なもつれによる相手への反発が大きい気がします。たとえば、自宅以外に遺産がないからと、そこに住む相続人に、他の共同相続人が「自宅を売って分けろ」などと無慈悲に迫ることもあるようで、こうなると話合いで折り合いを付けることは難しいでしょう。

◆話合いがまとまれば、それに越したことはない

感情的なもつれで遺産分割協議がまとまらない場合、家庭裁判所の相続調停が有効だという話は、これまでにも話してきました（1章3項参照）。この場合、その当事者（申立人と相手方）は事前に具体的な遺産分割案を作っておくといいでしょう。簡単なメモ書きでも十分です。相続人の範囲に争いがなければ、互いに被相続人から受け取った生前贈与を含めた遺産の種類と総額を書き出し、それを元に、具体的に各自が相続する金額と品物を仮分配してみるのです。これは、調停の場でも、自分の言い分を補完する大きな武器になります。

なお、分割案ができたら、調停を申し立てる前に、トラブル相手の共同相続人にも見てもらい、もう一度話し合ってみるのもいいでしょう。多少の修正は必要かも知れませんが、妥協案がまとまれば調停にしなくても済むはずです。話合いで解決できれば、それに越したことはありません。

POINT

調停を起こす前に、妥当と思う遺産分割案を作るといいでしょう。最後の話合いでも調停の場でも、遺産分けの叩き台になります。

8

話合いの中で遺産分割調停になったら味方してくれる相続人を見つけておこう

…共同で調停の申立人になることもできる

◆遺産分割調停の相手方は意見が対立する相続人だけではない

共同相続人の数が多ければ、遺産分けの話合い（遺産分割協議）が一度ですんなりまとまることは稀でしょう。遠隔地に住んでいて話合いに容易に出て来られない相続人には、メールやＦＡＸ、手紙などで分割の素案を送り、その回答を待つなど、最初からまとめるのに時間がかかるケースもあります。また、自分の主張と他の共同相続人が提示した遺産の取り分にさほど開きがないのに、感情的な対立で協議が不成立というケースも多いのです。こんな場合、家庭裁判所の調停に場を移すと、互いに冷静になって、調停委員の助言で妥協案がまとまることも少なくありません。

なお、遺産分割調停は、申立人以外の共同相続人全員が調停の相手方です。遺産の取り分などで対立する相続人だけでなく、遺産をもらう権利のある相続人全員が相手方になります。また、意見が同じ共同相続人が一緒に申立人となることも可能です。

この他、相続人以外に遺贈の受遺者や相続分の譲受人が申し立てることもあります。

◆自分の言い分に味方してくれる相続人がいると調停は有利に進む

遺産は、まず遺言の指定に従い、遺言がなければ法定相続分で分けることになっています。この他、民法では遺産分割の基準として、「遺産に属する物または権利の種類および性質、各相続人の年齢、職業、心身の状態および生活の状況その他一切の事情を考慮する」と定めています（９０６条）。

調停委員は、この基準に沿って当事者に助言しますが、全員が合意すれば話合いと同様、基準とは異なる遺産分けも可能です。当然、賛同者が多い意見の方が調停委員へのインパクトも強いでしょう。中立人としては、調停になったら味方してくれそうな相続人を見つけておくことも必要です。

POINT

対立する分割案がある場合、調停でも賛同者の多い方が有利なのは確かです。味方をしてくれそうな相続人を見つけておきましょう。

9

もらえる遺産を見落とさないよう一度はプロに相談することも考えよう

……無料の法律相談、家裁の手続き案内を利用する

◆調停を申し立てるならキチンと準備をしておこう

遺産分割をめぐるトラブルは、相続人同士の話合いがまとまらない場合、いきなり裁判にはできません。まず相続調停（**遺産分割調停**など）から始めることになっています（**調停前置主義**・家事事件手続法２５７条）。家庭裁判所での話合いです。ただ、共同相続人が話合いに応じてくれない、提示された遺産の取り分が少なすぎるなど、他の相続人との話合いが上手くいかないことに腹を立て、怒り任せに調停を起こしても、いい結果は得られません。それなりの準備が必要です（左頁図解参照）。

たとえば、あなたが妥当だと考える**遺産分割案**を作っておく（本章７項参照）などキチンと準備をしておけば、調停に出ても慌てることはありません。自分の言い分もハッキリ言えますし、相手方のウソや不当な要求も指摘できます。また、調停委員を味方に付けることもできるでしょう。その結果、調停を有利に進められます。

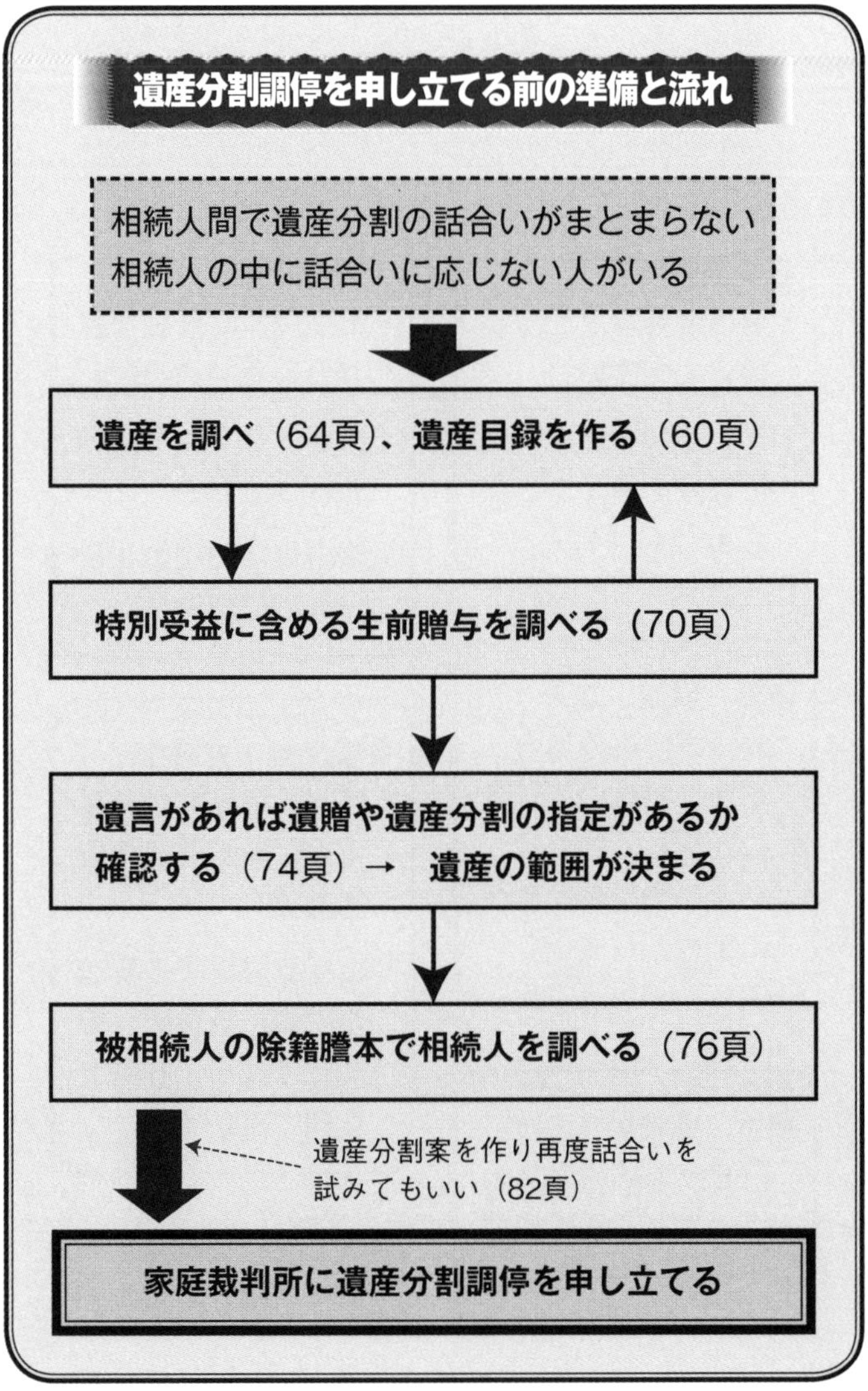
遺産分割調停を申し立てる前の準備と流れ
相続人間で遺産分割の話合いがまとまらない
相続人の中に話合いに応じない人がいる
遺産を調べ（64頁）、遺産目録を作る（60頁）
特別受益に含める生前贈与を調べる（70頁）
遺言があれば遺贈や遺産分割の指定があるか
確認する（74頁）→　遺産の範囲が決まる
被相続人の除籍謄本で相続人を調べる（76頁）
遺産分割案を作り再度話合いを
試みてもいい（82頁）
家庭裁判所に遺産分割調停を申し立てる

遺産分けで困った、迷ったときの相談先

家庭裁判所
- 相続調停申立ての手続きの相談先。
- 申立書の書き方や必要書類を教えてもらえる。

市民法律相談
- 市役所、町役場などが行う相談窓口。
- 遺産トラブル全般の相談ができる。
- 相談員は弁護士など法律のプロも多い。

家族、親族、友人
- 共同相続人の場合、事前に意見のすり合わせをしておくと、話合いや調停が有利に進む。

弁護士会・弁護士
- 原則、相談料が必要だが、無料法律相談もある。
- 相手が遺言書の変造や隠匿、遺産隠しをしそうなら、弁護士を頼む方が確実。

銀行、郵便局
- 預貯金の解約などの手続きはここに相談するといい。

※この他、本やネットも参考になります。

しかし、調停は次善の策です。共同相続人同士の話合いで個々の相続割合や遺産の分配方法が決められれば、それに越したことはありません。

◆相続調停を起こす前に一度はプロに相談してみる方がいい

遺産分割の調停も、その申立てから結論が出る（**終局処分**）まで相続人など当事者が一人でできます。しかし、遺産分割の法律や調停手続きを知らないと、「他の相続人には遺産は1円も渡さない」などと、極端に有利な遺産の取り分を要求して譲らず、調停委員を困らす人もいるのです。これでは調停はまず成立しません。また、話合いで解決した場合、後から自分に不利な遺産分けだったと気づくこともあります。

遺産分割協議で他の相続人の言い分に疑問を感じたり、相続調停を検討するような場合、一度は専門家に相談した方が安全でしょう（右頁図解参照）。

POINT

相続調停は、申立てから結論が出るまで自分一人でもできる簡単な手続きですが、一度はプロに相談した方がいいでしょう。

10

相続調停の申立書式は家庭裁判所のホームページからダウンロードできる

…被相続人の除籍謄本と相続人の戸籍謄本が必要になる

◆調停申立書は家庭裁判所から調停の相手方に送付される

遺産分割をめぐるトラブルは、共同相続人による話合い（**遺産分割協議**）がまとまらない場合、家庭裁判所の調停手続きや審判手続きで解決が図られます。この調停や審判の申立て手続きなどを規定した法律が、**家事事件手続法**です。これによると、調停ができる事件は調停手続きから始めます（**調停前置主義**。法257条）。遺産分割のトラブルも、まず調停（この本では離婚調停と区別するため、遺産相続の他、遺産に関わる調停をまとめて**「相続調停」**と呼びます）からです。

相続調停の**申立人**は亡くなった人（被相続人）の相続人です（包括受遺者や相続分の譲受人が申し立てることも）。申立人は**調停申立書**の他、調停申立てに至るいきさつや動機を記載した**事情説明書**など裁判所の所定の書式、相続人と被相続人との関係を証明する戸籍謄本など添付書類を家庭裁判所に提出します（92頁～93頁図表参照）。

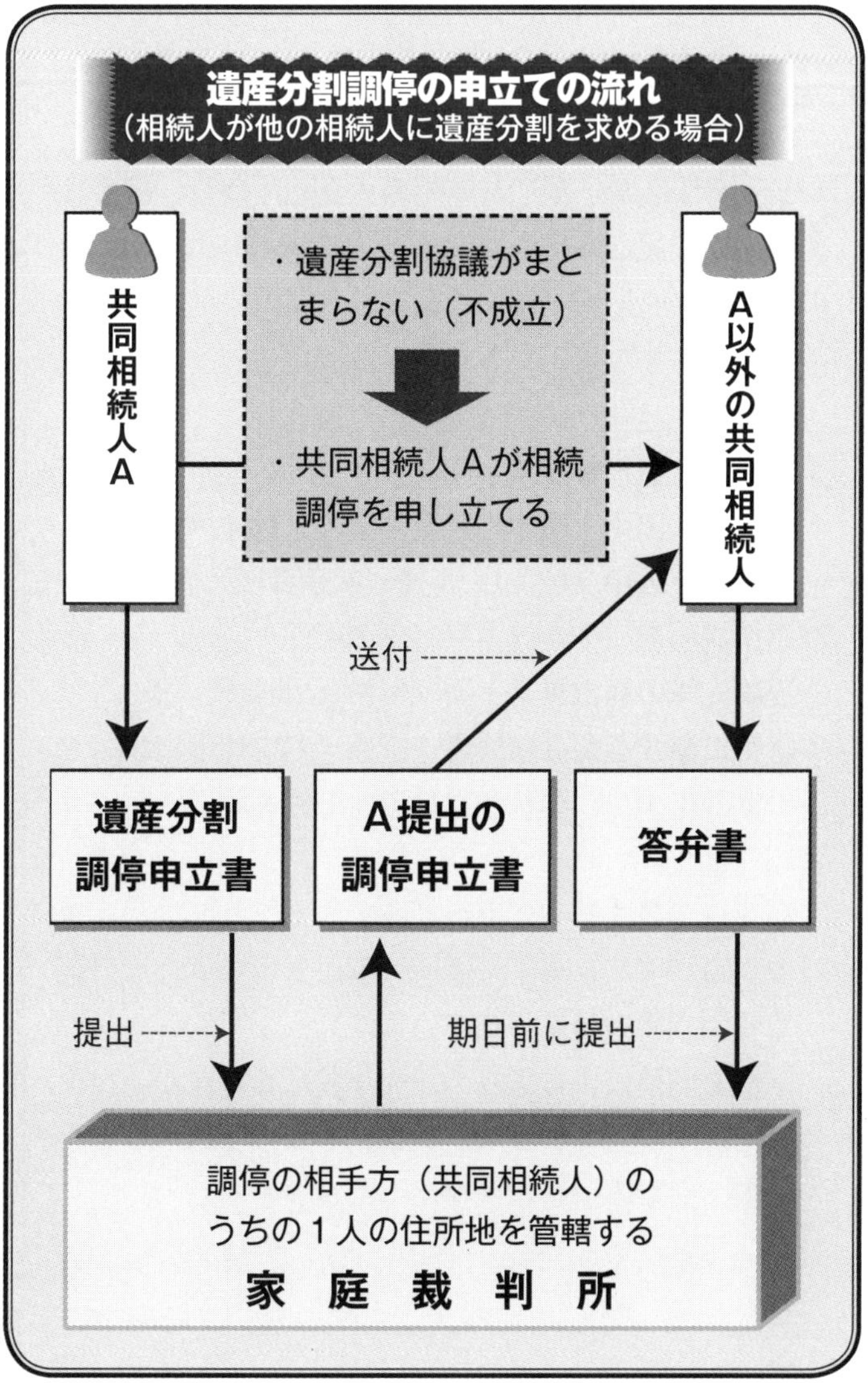
遺産分割調停の申立ての流れ
（相続人が他の相続人に遺産分割を求める場合）
共同相続人A
・遺産分割協議がまとまらない（不成立）
・共同相続人Aが相続調停を申し立てる
A以外の共同相続人
送付
遺産分割調停申立書
A提出の調停申立書
答弁書
提出
期日前に提出
調停の相手方（共同相続人）のうちの１人の住所地を管轄する
家　庭　裁　判　所

●遺産分割調停の申立てに必要な書類①

相続人の１人が、他の共同相続人を相手取り、遺産分割の調停を起こす場合、相手方（共同相続人）のうちの１人の住所地を管轄する家庭裁判所（原則）に、次の書式・書類を提出する必要があります。

①遺産分割調停申立書
家裁提出用１通＋相手方全員の人数分の通数
＋申立人用（控え） １通（次項参照）
②事情説明書 １通（本章12項参照）
③連絡先等の届出書 １通（本章12項参照）※
④進行に関する照会回答書 １通（12項参照）※
※家裁により、名称が異なるものもある。

・いずれの書式も、家庭裁判所のウェブサイトからダウンロードできます（遺産分割以外の申立てに対応する申立書も用意されています）。
・家庭裁判所により書式の様式が異なる場合があります。必ず申立先の裁判所の書式をダウンロードした上で、必要事項を記載してください。

●遺産分割調停の申立てに必要な書類②

右頁の書式の他、次の書類の提出も必要です。

⑤被相続人の出生時から死亡時まで、連続する全部の戸籍（除籍）謄本（全部事項証明書） 各１通
相続人と被相続人との身分関係を証明する除籍謄本（全部事項証明書）、改製原戸籍謄本など
⑥相続人全員の戸籍謄本（全部事項証明書）および戸籍附票（または住民票） 各１通
⑦不動産登記事項証明書、固定資産評価証明書
（遺産に不動産がある場合）　物件ごとに各１通
※⑤〜⑦は３か月以内発行のもの（⑦固定資産評価証明書は最新年度のもの）のみ有効。
⑧遺言書の写し、遺産分割協議書の写し
（作成されている場合）　各１通
⑨遺産に属する物または権利に関する資料（相続税申告書、預貯金の通帳・残高証明書など）＊
⑩被相続人の戸籍附表（または住民票除票）＊
＊第１回調停期日までに可能な限り提出する。

・この他にも、家庭裁判所が調停の進行に必要と考える書類・資料の提出を求められることがあります。

この章では、次項と第12項で、調停申立書など書式の具体例を紹介していますが、遺産をもらう権利のある相続人は妻と子どものケースを取り上げています。申立てに必要な記載書式はダウンロードできますが、家庭裁判所により若干異なるので、必ず申立先の家庭裁判所でもらってください。

◆必要な書式や書き方は家庭裁判所の窓口でも教えてくれる

全国の家庭裁判所には、家事事件の手続きについて説明し、案内してくれる窓口があります。相続調停を申し立てる場合、その窓口で、どの書式が必要か、添付書類は何かなどを、開庁時間に窓口に行くか、電話などで聞けばいいでしょう。開庁時間や家事事件手続きの案内窓口の電話番号は、各家庭裁判所のウェブサイトで紹介されています。わからない点があれば、その書き方も窓口で教えてもらうといいでしょう。

POINT

相続調停は、相手方（複数いるときは、うち1人）の住所地を管轄する家庭裁判所に申し立てます（申立書は相手方にも送られます）。

11 遺産分割や遺産に関する紛争の調停申立書は事実を簡潔に書けばいい

…ウソや感情的な内容はＮＧである

◆調停申立書は誰でも簡単に書ける

遺産に関する紛争や遺産分割の調停は、遺産の範囲や遺産の分け方などで話合いがまとまらなかったり、話合い自体ができない場合に、相続人の１人が**申立人**となり、他の相続人を**相手方**として、家庭裁判所に申し立てます。なお、申立人は共同でなることもできますし、相続人の他、受遺者や相続分の譲受人などがなることもあります。

遺産分割調停の場合には、相手方は申立人以外の相続人全員です。

申立先は、**相手方のうちの１人の住所地を管轄する家庭裁判所**または相続人全員が合意した家庭裁判所です。なお、申立てには調停申立書や被相続人の出生時から死亡時までの除籍謄本など必要書類（92頁参照）の他、調停の申立費用１２００円と連絡用の郵便切手３３１０円分（東京家庭裁判所の場合。相手方10人まで）が必要になります（必要な切手は事件内容や相手方の人数、家庭裁判所により若干異なります）。

ところで、遺産分割調停など相続調停に限らず、いわゆる家事事件の調停手続きは、**家事事件手続法**の施行により平成25年1月1日から大きく変わりました。たとえば、調停申立ての際、申立人が記載して家庭裁判所に提出する所定の書式は、**調停申立書**の他、新たに、**事情説明書、連絡先等の届出書、進行に関する照会回答書**も義務付けられたので、面倒だと感じる人も多いかと思います。

しかし、書式の書き方は、各家庭裁判所のウェブサイトで公開していますし、その記載例（サンプル）を参考に書けば、そう難しくはありません。遺産目録など手間のかかるものもありますが、当事者の住所氏名の他は、該当個所を「○」で囲んだり、「レ点」を付けるだけの簡単な書式がほとんどです。安心してください。

ここでは、①相続対象となる遺産（相続財産）の有無やその範囲で揉め、話合いがまとまらない場合に申し立てる**遺産に関する紛争調整調停の申立書**と、②遺産分割調停で使用する**遺産分割調停申立書**の二つの申立書の書き方について、東京家庭裁判所の書式を使い、具体例で紹介します（事情説明書以下の書式は次項参照）。

【具体例①】 相続人は妻と前妻の子の2人です。妻は前妻の子が仕事で寄り付かないことをいいことに、認知症になった夫（被相続人）の財産の大半を自分名義に変えてしまったため、遺産の減った前妻の子が①の調停を起こしました（**サンプル1**）。

【サンプル1】遺産に関する紛争調整調停申立書

受付印	☑ 調停 家事　　申立書　事件名（遺産に関する紛争　） □ 審判
	（この欄に申立て1件あたり収入印紙1，200円分を貼ってください。） （貼った印紙に押印しないでください。）
収入印紙　　円 予納郵便切手　　円	

東京　家庭裁判所 御中 令和　○　年　○　月○○日	申立人 （又は法定代理人など） の記名押印	石川一郎　印

添付書類	（審理のために必要な場合は，追加書類の提出をお願いすることがあります。） 申立人の戸籍謄本1通　相手方の戸籍謄本1通　被相続人の除籍謄本1通 不動産登記事項証明書1通　法人登記事項証明書1通	準口頭

申立人	本籍（国籍）	（戸籍の添付が必要とされていない申立ての場合は，記入する必要はありません。） ○○　都道府県　○○市○○町○番地	
	住所	〒○○○－○○○○ ○○県××市××町2丁目3番4号　○○コーポ302号 （　　方）	
	フリガナ 氏名	イシカワ　イチロウ 石川一郎	大正・昭和・平成　○○年○月○日生 （○○歳）
相手方	本籍（国籍）	（戸籍の添付が必要とされていない申立ての場合は，記入する必要はありません。） ○○　都道府県　○○市○○町○番地	
	住所	〒×××－×××× 東京都○○区××町5丁目6番 （　　方）	
	フリガナ 氏名	イシカワ　ユキコ 石川雪子	大正・昭和・平成　××年××月×日生 （××歳）

申　立　て　の　趣　旨
別紙遺産目録記載の土地・建物および株式会社石川商会の全株式が、被相続人亡石川三次（本籍〇〇県〇〇市〇〇町〇番地、最後の住所は相手方に同じ）の遺産であることを確認する調停を求めます。

申　立　て　の　理　由
1 申立人と相手方は、被相続人石川三次の長男と妻ですが、相手方は申立人の生母で被相続人の前妻亡石川梅子の死後、被相続人が再婚した妻で、申立人とは親子関係はありません。被相続人は、令和〇年〇月〇日に死亡し、相続が開始しました。なお、被相続人の相続人は、相手方と申立人のみです。
2 被相続人は平成〇×年頃から認知症になり、亡くなる1年ほど前には自分の財産の管理もできない状態でした。申立人は被相続人とは別居中で、亡くなる前5年間はアメリカ在住で、葬儀のため帰国してその事実を始めて知りました。
3 別紙遺産目録記載の土地・建物および被相続人が代表取締役を長年務めていた石川商会の全株式は、被相続人が亡くなる半年前に、相手方が、被相続人の実印を持ち出し、自分の名義に変更したものです。しかし、相手方は、これを自己の財産であると主張しています。話合いに応じません。
4 そこで、上記土地・建物および株式が、被相続人の遺産であることの確認を求めるため、この調停を申し立てます。　〈遺産目録省略〉

【サンプル１の解説】

①相手方が１人の場合には、調停申立書は、裁判所用、相手方用、申立人用の３通必要です（コピーでも複写用の用紙を使ってもいい）。相手方が２人以上なら、相手方全員分の申立書を用意してください。

②１枚目の表題部には、申立人の記名押印（認印でいい）が必要です。

③調停により求める内容を２枚目の「申立ての趣旨」に、調停に至った経緯を「申立ての理由」に、簡潔に記載してください。なお、事実だけを書いて、相手方への恨みつらみ、誹謗中傷など、感情的記載はさけるべきです。

④この申立書は、家庭裁判所から事前に、相手方に送付されます。

⑤申立書の他に、連絡先等の届出書、進行に関する照会回答書を各１通、必要事項を記載して提出します。

申立書を書く場合、もっとも気を付けなければいけないことは、表題部（申立書の１枚目で○○調停申立書とタイトルが書いてあります）に記載する自分（申立人）や他の相続人（相手方）の住所や氏名を正確に書くことです。間違えると、家庭裁判所から連絡文書が届きません。

次に、②の**遺産分割調停**では、調停の**相手方は申立人以外の相続人全員**です。相続人が多いと家庭裁判所に提出する調停申立書の通数だけでも大変ですが、家庭裁判所では調停期日までに、相続放棄をした人や相続欠格者、相続分を譲渡した人など遺産分割調停への参加資格を失った人たちを排除決定して、当事者を絞り込みます。

遺産分割調停申立書は、相続人や判明している遺産の種類や点数が多いと、**当事者目録**や**遺産目録**（特別受益目録も含みます）を作るのが一苦労です。被相続人の葬儀が済んだら、手分けして被相続人の除籍謄本や相続人全員の戸籍謄本、預貯金の残高証明書や不動産登記事項証明書など、相続人の範囲や遺産（相続財産）の範囲を特定できる書類を集めることです。被相続人が結婚・離婚を繰り返していたり、本籍地を何度も変えていると、謄本を取り寄せるだけでも容易ではありません。

なお、これらの書類は当事者目録や遺産目録の作成に必要なだけでなく、家庭裁判所に提出する調停申立書の添付書類にもなります。

【具体例②】 相続人は、妻と3人の子です。妻と二女は被相続人所有の自宅に住み、被相続人が亡くなるまで同居していました。長男と長女は子どもの取り分は均等だと主張していますが、2人とも被相続人の生前、高額の生前贈与を受けており、均等に分けるのは納得できないと、2女が調停を起こしたのです**（サンプル2）**。

【サンプル２】遺産分割調停申立書

受付印	遺産分割　☑ 調停 / □ 審判　申立書
	（この欄に申立て１件あたり収入印紙１，２００円分を貼ってください。）
収入印紙　　円	
予納郵便切手　　円	（貼った印紙に押印しないでください。）

東京　家庭裁判所 御中 令和　○年　○月○○日	申立人（又は法定代理人など）の記名押印	山田舞　㊞

添付書類	（審理のために必要な場合は，追加書類の提出をお願いすることがあります。） ☑ 戸籍（除籍・改製原戸籍）謄本（全部事項証明書）　合計○通 ☑ 住民票又は戸籍附票　合計○通　☑ 不動産登記事項証明書　合計○通 ☑ 固定資産評価証明書　合計○通　☑ 預貯金通帳写し又は残高証明書　合計○通 □ 有価証券写し　合計　通　□	準口頭

当事者		別紙当事者目録記載のとおり
被相続人	最後の住所	東京 ㊞都 道 府 県　○○区　○○４丁目３番１５号
	フリガナ 氏名	山《ヤマ》田《ダ》太《タ》郎《ロウ》　平成 ㊞令和　○年○月○日死亡

申立ての趣旨

☑ 被相続人の遺産の全部の分割の（☑ 調停 ／ □ 審判）を求める。

□ 被相続人の遺産のうち，別紙遺産目録記載の次の遺産の分割の（□ 調停 ／ □ 審判）を求める。※1

【土地】…………　【建物】…………

【現金，預・貯金，株式等】…………

申立ての理由

遺産の種類及び内容	別紙遺産目録記載のとおり
特別受益 ※2	☑ 有　／　□ 無　／　□不明
事前の遺産の一部分割 ※3	□ 有　／　☑ 無　／　□不明
事前の預貯金債権の行使 ※4	□ 有　／　☑ 無　／　□不明
申立ての動機	☑ 分割の方法が決まらない。 □ 相続人の資格に争いがある。 ☑ 遺産の範囲に争いがある。 □ その他（…………）

当　事　者　目　録

☑申立人　□相手方	住　所	〒000−0000 東京都○○区○○4丁目3番15号　（　　　方）	
	フリガナ 氏　名	ヤマダマイ 山田舞	大正・昭和・(平成)・令和　○年○月○○日生　（○○歳）
	被相続人との続柄	二女	
□申立人　☑相手方	住　所	〒000−0000 東京都○○区○○4丁目3番15号　（　　　方）	
	フリガナ 氏　名	ヤマダハナコ 山田花子	大正・(昭和)・平成・令和　○○年○○月○日生　（○X歳）
	被相続人との続柄	妻	
□申立人　☑相手方	住　所	〒0XX−000X　レジデンス○○718号 東京都XX区○○5丁目7番2号　（　　　方）	
	フリガナ 氏　名	ヤマダハジメ 山田肇	大正・(昭和)・平成・令和　XX年○月XX日生　（XX歳）
	被相続人との続柄	長男	
□申立人　☑相手方	住　所	〒XXX−XXXX XX県XX市○○4丁目8番18号　（　　　方）	
	フリガナ 氏　名	ウナバラユキ 海原幸	大正・昭和・(平成)・令和　X年○月○日生　（○○歳）
	被相続人との続柄	長女	
□申立人　□相手方	住　所	〒　　− （　　　方）	
	フリガナ 氏　名		大正・昭和・平成・令和　年　月　日生　（　　歳）
	被相続人との続柄		

遺産目録（□特別受益目録，□分割済遺産目録）

【土地】

番号	所在	地番	地目	地積（平方メートル）	備考
1	東京都○○区○○4丁目	○○番	宅地	165.00	建物1の敷地
2	○○県○○市○○町	○○番	畑	991.70（現況）978.56	

【遺産目録（土地）の書き方】

①1筆ごとに記載。所在などは登記事項証明書通りに書いてください（地番は住所表示とは異なる）。

②登記簿上は「農地」だが、実際には「宅地」として使っている場合や実測面積と異なる場合は、「現況」を併記してください。

③土地上に被相続人の遺産の建物がある場合は、備考欄に「建物○の敷地」と書きます。

遺　産　目　録　（□特別受益目録，□分割済遺産目録）

【建　物】

番号	所　在	家屋番号	種類	構造	床面積	備考
1	東京都○○区 ○○4丁目○番地○	○番1	居宅	木造スレート葺平家建	平方メートル 142.66	申立人、相手方山田花子居住 敷地は土地1
2	(区分所有建物) 東京都××区 ○○5丁目○番地○ レジデンス○○	718	居宅	鉄筋コンクリート造8階建	7階部分 74.82	被相続人持分1/2 相手方山田花子持分1/2

【遺産目録（建物）の書き方】

①建物1棟ごとに、必要事項を登記事項証明書通りに書いてください（現況と違う場合は、固定資産評価証明書などの内容を参考に併記します）。

②マンションなど共有物件の場合は、所在欄に「区分所有建物」と明記し、専有部分の階数や床面積などを書きます。敷地権の共有部分は、遺産目録（土地）に別の遺産として記載が必要な場合もあります。

遺　産　目　録　（□特別受益目録，□分割済遺産目録）

【現金，預・貯金，株式等】

番号	品　目	単位	数量（金額）	備　考
1	現金		325,000円	相手方山田花子保管
2	○○銀行○○支店 定期預金（口座番号000-0000）		7,286,000円（令和0年0月0日現在）	通帳は相手方山田花子保管
3	○○銀行○○支店 普通預金（口座番号000-0000）		1,052,158円（相続開始時）	通帳は相手方山田花子保管

【遺産目録（現金、預貯金、株式等）の書き方】

①現金や通帳、印鑑、キャッシュカードなどの保管者を備考欄に書いてください。

②預貯金は、普通、定額、定期など、その種類ごとに、銀行名（支店があれば支店名）、口座番号を明記し、その残高を書きます。

③被相続人の取引銀行に相続開始を連絡、残高証明書をもらうと確実です（遺族の生活費や葬儀費用として法律が認めた引出しの金額〔民法909条の２。65頁参照〕を除き、遺産分けの確定まで取引停止になり、通帳やキャッシュカードなどの保管者も引出しができません）。

遺　産　目　録　(☑特別受益目録, □分割済遺産目録)

【現金, 預・貯金, 株式等】

番号	品　　目	単　位	数量（金額）	備　　考
1	現金		5,000,000円	平成00年0月0日開業資金として相手方山田肇に生前贈与
2	現金		3,000,000円	平成00年0月0日婚姻支度金として相手方海原幸に生前贈与

【遺産目録（特別受益目録）の書き方】

①相続人の中には被相続人から生前贈与を受けている人がいます。相続人間の公平の観点から、その使途が、結婚の支度金、事業への出資金や住宅ローンの頭金など生計の資本である場合、特別受益として、遺産に含めて相続分を計算します（1章12項参照）。

②相続開始時の評価額で書きますが、分からなければ備考欄に取得年月日を書いておけばいいでしょう。

【サンプル２の解説】

①**調停申立書は、**裁判所用１通の他、相手方全員の人数分の通数、それに申立人用１通を用意します。

②１枚目の表題部には、申立人の記名押印（認印でいい）が必要です。

③被相続人欄は、除籍謄本などを見て正確に書いてください。

④「申立ての趣旨」「申立ての理由」の欄は、該当する個所に「レ」点を付けるだけです。

⑤当事者目録は、申立人の他、相手方も全員書いてください。また、住所は正確に書かないと、調停期日を知らせる通知書が届きません。

⑥調停申立書（当事者目録、遺産目録を含む）の他、事情説明書１通、連絡先等の届出書１通、進行に関する照会回答書１通の提出も必要です（具体的な書き方は次項サンプル参照）。

調停申立書は、調停日時を指定した通知書とともに、家庭裁判所から調停の相手方に送付されることになっています。相手方を誹謗中傷したり、事実と違う内容を記載すると、かえって調停を不利にすることもあるので注意してください。

12 調停を起こした事情や調停で求める内容は事情説明書に詳しく記載したらいい

…遺産分割調停の事情説明書は選択式

◆事情説明書は相手方から請求されないと、相手方の目に触れることはない

相続調停を申し立てる際、申立人が家庭裁判所に提出する調停申立書（**サンプル1・遺産に関する紛争調整調停申立書、サンプル2・遺産分割調停申立書**）の書き方を、前項で紹介しました。申立書は、家庭裁判所から調停の相手方に調停期日の通知書と一緒に送られます。相手方は、調停期日の1週間前までに申立書に対する意見や言い分を記載した**答弁書**を送り返すよう家庭裁判所から要請されますが、これは当事者の言い分の違いを事前に把握して、その後の調停をスムーズに進めるためです。

なお、調停の申立人は、調停申立書以外にもいくつか、本人が記載した所定の書式を家庭裁判所に提出するよう義務付けられています（92頁参照）。ここでは、それらの書式から、遺産分割調停で使われる次の書式の書き方を具体的に紹介します。この書式は、申立書と異なり、相手方には送付されません（**事情説明書は相手方から申請**

があると、閲覧やコピーが許可される場合もあります）。

・事情説明書（サンプル３）遺言書の有無、相続人の範囲など遺産分割の前提になる事項から、被相続人との関係、調停申立ての経緯や理由、希望する分割方法まで、遺産分割調停申立ての内容について詳細に書きます。なお、この書式はサンプル１（遺産に関する紛争調整調停申立書）にはありません。

・連絡先等の届出書（サンプル４）調停期日の通知書など、家庭裁判所からの書類を受け取る実際の住まいや平日昼間の連絡先（携帯電話や勤務先の電話番号など）を書きます。相手方に連絡先を知られたくない場合、この届出書に「非開示の希望に関する申出書」を貼り付けておけばいいのです。

・進行に関する照会回答書（サンプル５）遺産分割の調停を進めるに当たって、家庭裁判所に知っておいてほしいこと、配慮してほしいことなどを書きます。家庭裁判所から呼び出されても調停期日に出頭しない相続人、自分の言い分が認められないと暴言を吐いたり、暴力を振るう相続人など、調停の進行を妨害するような相手方については事前に家庭裁判所に届け出ておくと安心です。

これらの書式の書き方は、遺産分割調停を申し立てた山田舞さんの例（**具体例**②・１００頁参照）で解説します。

【サンプル３】事情説明書

東京家庭裁判所　　　御中　　　　令和　　年（家　　）第　　　　号

事情説明書（遺産分割）

ふりがな　やまだ　まい

令和０年０月００日　　申立人　山田　舞　㊞

この書類は，申立ての内容に関する事項を記載していただくものです。あてはまる事項にチェックを付け（複数可），必要事項を記入の上，申立書とともに提出してください。

〈以下、省略〉

第１　遺産分割の前提となる問題についてお聞きします。	
１【遺言書】 被相続人の遺言書はありましたか？	☑ 遺言書はなかった。 □ 公正証書による遺言書があった。 □ 自筆証書による遺言書があった。　⇒下記 ※へ □ 分からない。 ※ 裁判所による遺言書の検認は受けましたか？ □ 検認を受けた。 （　　　家庭裁判所　　　支部　平成・令和　　　年（家）第　　　　号） □ まだ検認を受けていない。 □ 分からない。
２【遺産分割協議】 相続人間で遺産分割について話し合いましたか？	□ 遺産分割の話合いがまとまった。　⇒下記 ※へ ☑ 遺産分割を話し合ったがまとまらなかった。 □ 遺産分割について話し合っていない。 ※ 遺産分割協議書を作りましたか？ □ はい　　□ いいえ
３【事前の遺産の一部分割】 この申立てまでに，被相続人の遺産の一部のみを対象にして，分割をしたことがありますか？	□ はい。　⇒下記　※へ ☑ いいえ。 ※ 分割の際にどのような書面を作りましたか？ □ 裁判所の審判書又は調停調書（事件番号　　　家庭裁判所　　　支部　平成・令和　　年（家　　）第　　　　号） □ 遺産分割協議書 □ その他（　　　　　　　　　　　　）
４【事前の預貯金債権の行使】 この申立てまでに，民法９０９条の２に基づいて預貯金債権を単独で行使した相続人はいますか？	□ はい。　⇒下記　※へ ☑ いいえ。 □ 分からない。 ※ 権利行使の内容が分かる文書がありますか？ □ はい。（□金融機関発行の証明書等　□その他（　　　　　　） □ いいえ。
５【相続人の範囲】 誰が相続人なのか明らかですか？	☑ 明らかである（申立書の当事者目録のとおりである。）。 □ 明らかでない。 （その人の氏名　　　　　　　　　　） （被相続人との続柄 （明らかでない理由　　　　　　　　）

6【相続人の判断能力】 相続人の中に，認知症や精神障害などがあって，ご自身で物事を判断することが困難な方はいますか？	☑ いない。 □ いる。　（相続人名　　　　　　）⇒下記 ※へ □ 分からない。 ※ 家庭裁判所で後見人等を選任しましたか？ □ 選任した。 （　　　家庭裁判所　　　支部　平成・令和　　年（家）第　　　　号 □ 選任していない。
7【相続人の行方不明】 相続人の中に，行方不明の方はいますか？	☑ いない。 □ いる。（相続人名　　　　　　）⇒下記 ※へ ※ 家庭裁判所で不在者財産管理人を選任しましたか？ □ 選任した。 （　　　家庭裁判所　　　支部　平成・令和　　年（家）第　　　　号 □ 選任していない。
8【遺産の範囲】 遺産かどうかはっきりしないものがありますか？	☑ 遺産目録のとおりである。 □ 概ね遺産目録のとおりだが，他に遺産かもしれないものがある。 それは，次のものです。 ［　　　　　　　　］

遺言書，遺産分割協議書，一部分割の審判書，一部分割の調停調書又は預貯金債権の単独行使の内容が分かる金融機関発行の証明書等をお持ちの方は，初めての期日の1週間前までに，その写しを郵送又はFAXして下さい。

第2　被相続人についてお聞きします。	
1　被相続人の死亡原因と死亡までの状態（入院していたとか寝たきりであったなど）をお書きください。	死亡原因　（心筋梗塞　　　） 年　月まで（令和〇年〇月〇日、自宅にて発症、救急 年　月まで（搬送したが、搬送先の〇〇病院（東京都） （〇〇区〇〇3丁目2番4号所在）にて死亡確認。） □ 分からない。
2　被相続人と同居していた相続人はいますか？	□ いない。 ☑ いる。　（その相続人の名前　山田花子　期間　〇〇年　〇　か月） 山田舞　×× 年 × か月 □ 分からない。
3　被相続人の身の回りの面倒をみていた相続人はいますか？	☑ いない。 □ いる。　（その相続人の名前　　　期間　　年　　か月） □ 分からない。
4　被相続人はどのように生計を立てていましたか？	☑ 自己の収入で生計を立てていた。 □ 相続人（　　　　　）が扶養していた。 □ その他（　　　　　） □ 分からない。
5　被相続人の生前，同人から不動産や多額の金銭の贈与を受けた相続人はいますか？	□ いない。 ☑ いる。　（その相続人の名前　山田肇　内容　現金5,000,000円　） 海原幸　現金3,000,000円 □ 分からない。
6　被相続人に債務がありますか？	☑ ない。 □ ある。　（内容　　　　残債務額　　　　） □ 分からない。

第3　今回の申立てについてお聞きします。	
	☑　遺産分割の話し合いをした。　⇒下記 ※へ ☐　遺産分割の話し合いをしなかった。 （理由　　　　　　　　　　　　　　　　　　　　）
1　調停・審判を申し立てるまでのいきさつを教えてください。（該当するもの全てにチェックしてください。）	※　なぜ話し合いがまとまらなかったと思いますか？　　＊複数回答可 ☐　【遺言書の有効性】を巡って争いになってしまったから。 ☐　【遺産分割協議書の有効性】を巡って争いになってしまったから。 ☐　【相続人の範囲】を巡って争いになってしまったから。 ☑　【遺産の範囲】を巡って争いになってしまったから。 ☐　感情的に対立してしまい，話にならなかったから。 ☐　話合いに応じなかったり，避けたりしている相続人がいるから。 ☐　被相続人の債務や税金・葬儀費用等の分担を巡って争いになってしまったから。 ☐　使途不明金など過去の管理状況を巡って争いになってしまったから。 ☐　遺産を独占しようとしたり，法定相続分を超える遺産を取得しようとしたりする相続人がいたから。 ☑　代償金をいくら払うかで揉めたから。 ☐　誰が何を取得するかで揉めたから。 ☑　その他（相続人山田肇および海原幸が生前贈与を特別受益と認めず、遺産に含めるのを拒否したため。） ☐　分からない。
2　主に争いがあるのは，どの相続人（もしくはグループ）の間ですか？	☐　分からない。 ☑　（山田舞　）VS（山田肇 海原幸　）VS（　　　　）
3【この欄は，申立ての趣旨が一部分割申立ての場合に記入してください。】 遺産の一部の分割を求める理由をお書きください。	【理由】

第4　分割方法についてお聞きします。	
あなたの希望する分割方法についてお書きください。	☑　現物の取得を希望する。（遺産目録の番号をお書きください。） 【土地】番号　　　【建物】番号　　　【　　】番号 取得を希望する理由：申立人は相手方山田花子と従来通り自宅に住み続けたいため。相手方山田肇と海原幸は被相続人の遺産を法定相続分で分けるよう主張するが、その場合、自宅を売却するしかない。 ☐　配偶者居住権の取得を希望する。（【建物】番号　　　） ↳　被相続人の死亡時にその建物に住んでいましたか？　☐ はい　☐ いいえ ☐　金銭で欲しい。 ☐　まだ決めていない。 〔注〕本件の場合、山田花子が申立人となり、配偶者居住権（民法 1028 条）の取得を希望する旨を申し立てる方法もあります（調停も成立しやすい。3 章具体例 21 参照）。

調停手続きでは、申立人と相手方とは別々に調停室に入り、調停委員に自分の意見や言い分を聞いてもらえます。その間、相手方は別室の待合室にいて、裁判のように双方が相対で意見や言い分をぶつけ合うことはありません。ただし、調停の始めには、その進め方などを当事者全員が同室で説明を受ける（**双方立会手続説明**）決まりです。

【サンプル３の解説】

①相続人の範囲（第１）５は、被相続人の出生時から死亡時までの除籍謄本すべてをチェックして、もれがないようにしてください。

②被相続人の死亡原因（第２）は死亡届の右欄（死亡診断書、死体検案書）を見ればわかります。

③生前贈与は、特別受益明細に書いたものを写せばよく、件数が多い場合は「明細参照」でいいでしょう。

④申立ての理由（第３）は、該当個所に「レ」点を付けるだけでもかまいませんが、具体的に書いた方が調停委員には伝わりやすいでしょう。

⑤遺産の分割方法（第４）も、自分が望む分け方を、できるだけ具体的に書くことです。調停では、相手方の希望とすり合わせながら妥協点を見つけるのが普通なので、具体的な要求の方が進行は早いでしょう。

【サンプル4】連絡先等の届出書

　　□（家イ）
令和　　年　　　　第　　　　　号（期日通知等に書かれた事件番号を書いてください。）
　　□（家）

連絡先等の届出書（□　変更届出書）

＊ 連絡先等の変更の場合には上記□にチェックを入れて提出してください。

1　送付場所

標記の事件について，書類は次の場所に送付してください。

☑ 申立書記載の住所のとおり

□ 下記の場所

場所：＿＿＿＿＿＿＿＿＿＿＿＿＿＿＿＿＿＿（〒　　　　）

場所と本人との関係：□住所　□実家（　　　方）

□就業場所（勤務先名　　　　　　　　）

□その他＿＿＿＿＿＿＿＿

□ 委任状記載の弁護士事務所の住所のとおり

2　平日昼間の連絡先

携帯電話番号：000－0000－0000

固定電話番号（☑自宅／□勤務先）：00－0000－0000

☑ どちらに連絡があってもよい。

□ できる限り，□携帯電話／□固定電話への連絡を希望する。

□ 委任状記載の弁護士事務所の固定電話への連絡を希望する。

＊ **1，2について非開示を希望する場合には，非開示の希望に関する申出書を作成して，その申出書の下に本書面をステープラー（ホチキスなど）などで付けて一体として提出してください。**

＊ 連絡先等について非開示を希望する場合には，原則として，開示により当事者や第三者の私生活・業務の平穏を害するおそれがあると解し，開示することはしない取り扱いになっておりますので，その他の理由がなければ，非開示の希望に関する申出書の第２項（非開示希望の理由）に記載する必要はありません。

令和 0 年 0 月 00 日

☑申立人／□相手方／□同手続代理人　氏名：山田　舞　㊞

【サンプル４の解説】

①必ず提出をする書式です（相手方も出します）。
②書類の送付先、勤め先や携帯電話など家庭裁判所から申立人に連絡できる先を書きます。
③弁護士に調停での対応も依頼している（代理人に委任）ときは、連絡先は弁護士事務所にしておくといいでしょう。
④遺産分けについて強要があるので相手方に連絡先を秘密にしたいなど、相手方に知られたくない情報は、別途「非開示の希望に関する届出書」を作り、該当する書式に付けて出せます（閲覧等の判断は裁判官がする）。

また、調停を終了するときも、次回までの宿題（それぞれが確認しておくことなど）や調停内容の確認を、当事者が双方同室ですることになっています。

もっとも、相手方から暴行や嫌がらせを受けるおそれがある場合にまで、この原則が適用されるわけではありません。調停室で双方同室は支障があるという場合、**進行に関する照会回答書**に、相手方と顔を会わせたくない事情や理由などを書いて配慮を求めておくと、同室での双方立会手続説明をしないなど、家庭裁判所は一定の配慮をしてくれます。ただし、必ず配慮してくれるというわけではなく、**配慮するかどうか**

【サンプル5】進行に関する照会回答書

進行に関する照会回答書（申立人用）

この書面は，調停を進めるための参考にするものです。あてはまる事項にチェックを付け(複数可)，空欄には具体的な事情等を記入して，申立ての際に提出してください。審判を申し立てた場合にも，調停手続が先行することがありますので提出して下さい。

この書面は，閲覧・コピーの対象とはしない取扱いになっています。

1　相続人の中に，裁判所に出頭しないと思われる方はいますか。	☑ いない。 □ いる。（相続人名 ＿＿＿＿＿＿＿＿＿＿ ） ※「（出頭しないと思われる方が）いる。」という方にお聞きします。それはなぜですか。 □ 話合いを拒否しているから。 □ 遠方に住んでいるから。 □ 健康上の問題があるから。 □ 相続分を放棄したいと希望しているから。 □ その他（　　　　　　　　　　） □ わからない。
2　相手方の中に代理人弁護士が就いている方はいますか。	☑ いない。 □ いる。（相続人名＿＿＿＿＿＿弁護士名＿＿＿＿＿＿＿電話＿＿＿＿＿＿＿） □ わからない。
3　相続人の中に，裁判所で暴力を振るうおそれがある方はいますか。	☑ いない。 □ いる。（相続人名 ＿＿＿＿＿＿＿＿＿＿ ） ※「（暴力を振るうおそれがある方が）いる。」という方にお聞きします。裁判所に配慮してほしいことがありますか。 □ 特にない。 □ 同席はしたくない。 □ 調停の待合室に配慮してほしい。 □ 調停の日時に配慮してほしい。 □ わからない。
4　調停期日のご希望等についてお聞きします。 ※　調停は平日の午前または午後に行われます。 ※　必ずしもご希望に添えるものではありません。	☑ いつでもよい □ ご希望日　　　　　曜日　午前・午後 □ ご都合の悪い日　　　曜日　午前・午後 （現時点で出席できないことが判明している日→　　　　　）
5　裁判所に配慮を求めることがあれば，その内容をお書きください。	

【令和 ○ 年 ○ 月○○日　　申立人 山田 舞 ㊞】

【サンプル5の解説】

①申立人、相手方、双方が出します。
②相続人間での話合いの有無、相手方の調停への対応予測、暴力沙汰など調停妨害しそうな相続人の有無を答える書式で、相続調停をスムースに進行させるためのものです。相手方には、原則として、閲覧やコピーは許可されません。安心して、事実や自分の考えを書いてください。
③調停室や家庭裁判所内で、相手方と顔を会わせたくない人は、項目5に具体的事情や理由とその旨を書いておくといいでしょう。家庭裁判所は一定の配慮をしてくれます。
④項目5に配慮を求める記載がないと、双方立会手続説明や調停終了時の意思確認では、調停室で相手方と同席することになります。
⑤家庭裁判所により、名称や記載項目が異なります（サンプル4も同様）。

は、あくまで家庭裁判所の判断です。

なお、申立人は相続人の範囲や遺産の範囲を確定するため、調停申立書など裁判所所定の書式とは別に様々な添付書類も提出します。身分関係の資料以外は、**資料説明書**など提出資料を一覧できるリストを作っておくとわかりやすくて便利です。

13

相続調停を起こすと決めたら事前に添付書類は準備しておくといい

・・・戸籍謄本は取得から3か月以内のものが有効

◆被相続人の除籍謄本と相続人全員の戸籍謄本は遺産分割に欠かせない

この章では、相続調停に備えて、調停を有利に進めるための準備について紹介しています。たとえば、被相続人名義の預貯金や所有不動産を調べて遺産（相続財産）の総額を把握したり（60頁参照）、他の相続人が特別受益に含める生前贈与をもらってないか、被相続人が遺言書を残してないか（74頁参照）など必要な情報を、遺産分けの話合い（遺産分割協議）を始める前に集めておくことも、その一つです。その際、亡くなった人（被相続人）の出生時までその戸籍を遡って、除籍謄本で他に相続人がいないことを確認する必要もあります。

これらは、遺産分割調停を起こすためにするのでは「遅い！」と考えてください。相続調停を有利に進めるには、相続が開始した時（亡くなった時）から準備を始めても遅いくらいです。それが、他の相続人から不利な遺産分割を押し付けられない最善の策でもあります。

では、どんな資料を準備しておけばいいかというと、大きく分けて、①被相続人の除籍謄本など被相続人と相続人との身分関係を証明する資料と、②遺産に属する物や権利を証明する資料です（遺産分割調停申立てに必要な添付書類・93頁⑤～⑩参照）。

このうち、①の被相続人の除籍謄本や改製原戸籍、相続人の戸籍謄本は、それぞれの本籍地でしか取れません。結婚や離婚で本籍地が変わっている場合や本籍地が遠隔地にある場合には、郵送で取るにしても時間と手間がかかります。

葬儀やその後始末で大変なときに、そこまで手が回らないという人は多いでしょう。ただ、身分関係を証明する戸籍謄本や除籍謄本は、遺産分けが話合いで成立した場合でも、その後の相続手続きに欠かせません。相続人の現在の戸籍謄本（戸籍全部事項証明書）はそれぞれ本人に取ってもらうにしても、被相続人の出生時から死亡時まで連続する除籍謄本（除籍全部事項証明書）や改製原戸籍は、いつ遺産分けの話合いが始まっても困らないように、早々に取り寄せておくといいでしょう（死亡届を出してから除籍まで1週間程度かかることもあります）。

なお、法律上の手続きに使えるのは、3か月以内に発行された謄本だけです。解決が長引くと有効期間が過ぎてしまい、再発行してもらわなければなりません。

◆遺産分割は話合いと調停と二股かけて進めるといい

遺産分割の話合いがこじれるのは、取り分の損得より感情的なもつれが切っ掛けになることも多いと言います。たとえば、相続人の姉妹がそれぞれの生前贈与を遺産に含めるかどうかで揉め、「父さんは、いつもお姉ちゃんの方に高いプレゼントを買ってきた」「あんたこそ、結婚しても小遣いせびってたじゃない」などと、次元の低い売り言葉に買い言葉で、話合いが一歩も前に進まなくなることもあるのです。

こんな場合、話合いをダラダラ続けるより、さっさと遺産分割調停を起こした方がいいということは前にも説明しました（本章4項73頁参照）。被相続人の預金通帳や実印などを保管する相続人が、無断で遺産を処分してしまうこともあるからです。ただし、調停を申し立てるにしても、最後まで話合いによる解決を試みてほしいと思います。調停の準備を進めながら話合いをする二股は、ぜひかけてほしいものです。

POINT

遺産分割調停の申立てには、被相続人の除籍謄本などが必要です。早めに取得しておくと、手続きがスムーズに運びます。

14

他の相続人から相続調停を起こされても慌てるな

……申立人のウソや間違いを指摘すればいい

◆調停期日前に自分の言い分を書いた答弁書を出さなければならない

家事事件手続法の施行で、相続調停の手続きも大きく変わりました。これは、調停を起こされた側（相手方）も同じで、具体的には次のようになっています。

①調停の相手方には、家庭裁判所から調停期日の通知書の他、申立人の提出した**調停申立書**（97頁・**サンプル1**、101頁・**サンプル2**参照）も送付されます。

②相手方も、**答弁書**、**連絡先等の届出書**（114頁・**サンプル4**参照）、**進行に関する照会回答書**（116頁・**サンプル5**参照）などを、調停期日前に家庭裁判所に提出することが義務付けられています。

③遺産分割調停の相手方は、申立人が家庭裁判所に提出した**事情説明書**（110頁・**サンプル3**参照）について、裁判所の許可を得て、閲覧やコピーができます。

しかし、相続調停の相手方は、どうしても準備不足は否めません。とくに、相続人同士で話合いを続けているような場合は、まさか調停を起こされるとは思わないのが普通だからです。この章で説明した調停に向けての準備など、相手方になった大半の人はしていないでしょう。しかし、慌てることはないのです。

◆調停不成立にしても、遺産分割調停は自動的に審判に移行する

離婚調停と違って、遺産分割調停は調停不成立の場合、自動的に審判手続きに移行します（1章1項参照）。相手方も、不調にすればいいという手は通用しません。

相手方としては、調停申立書だけでなく、申立人の事情説明書も閲覧することです。記載内容にウソがあったり、それまでの話合いの内容と違っていたら、家庭裁判所に提出する答弁書や事情説明書に、その旨や自分の言い分を記載しておけばいいのです。期日までに資料や証拠を集めておけば、調停の席でも十分反論できるでしょう。

POINT

調停申立書が送られてくるので、事前に申立人の言い分を知ることができます。反論があれば、答弁書にその旨を書けばいいのです。

第3章

調停委員を味方にすれば相続調停は有利に運ぶ

★遺産分割調停は多くて数回で結論が出る
★具体例でみる調停の注意点と対処法・ほか

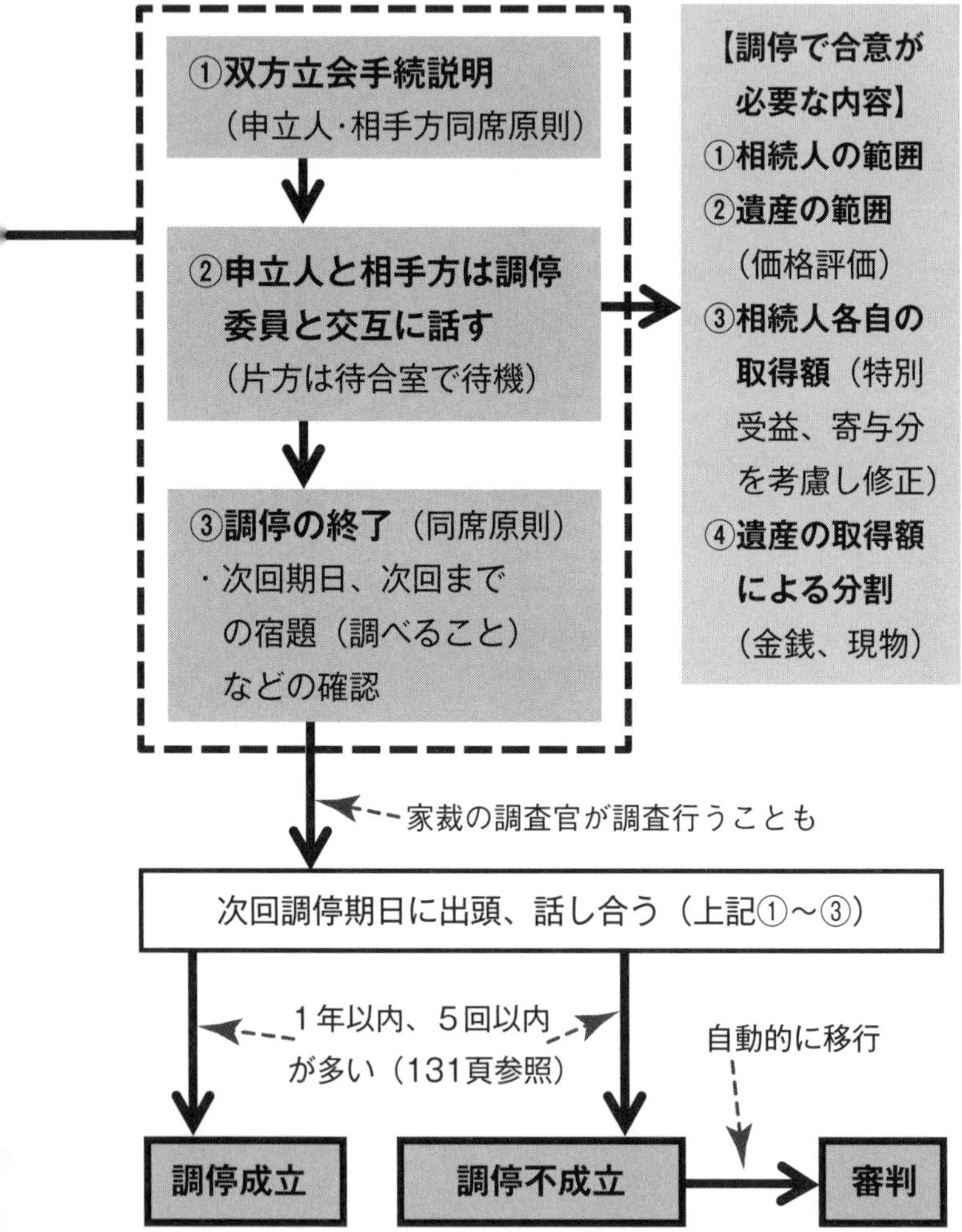
①双方立会手続説明
（申立人·相手方同席原則）
②申立人と相手方は調停委員と交互に話す
（片方は待合室で待機）
③調停の終了（同席原則）
・次回期日、次回までの宿題（調べること）などの確認
【調停で合意が必要な内容】
①相続人の範囲
②遺産の範囲
（価格評価）
③相続人各自の取得額（特別受益、寄与分を考慮し修正）
④遺産の取得額による分割
（金銭、現物）
家裁の調査官が調査行うことも
次回調停期日に出頭、話し合う（上記①～③）
1年以内、5回以内が多い（131頁参照）
自動的に移行
調停成立
調停不成立
審判

●遺産分割調停の手続きの流れ

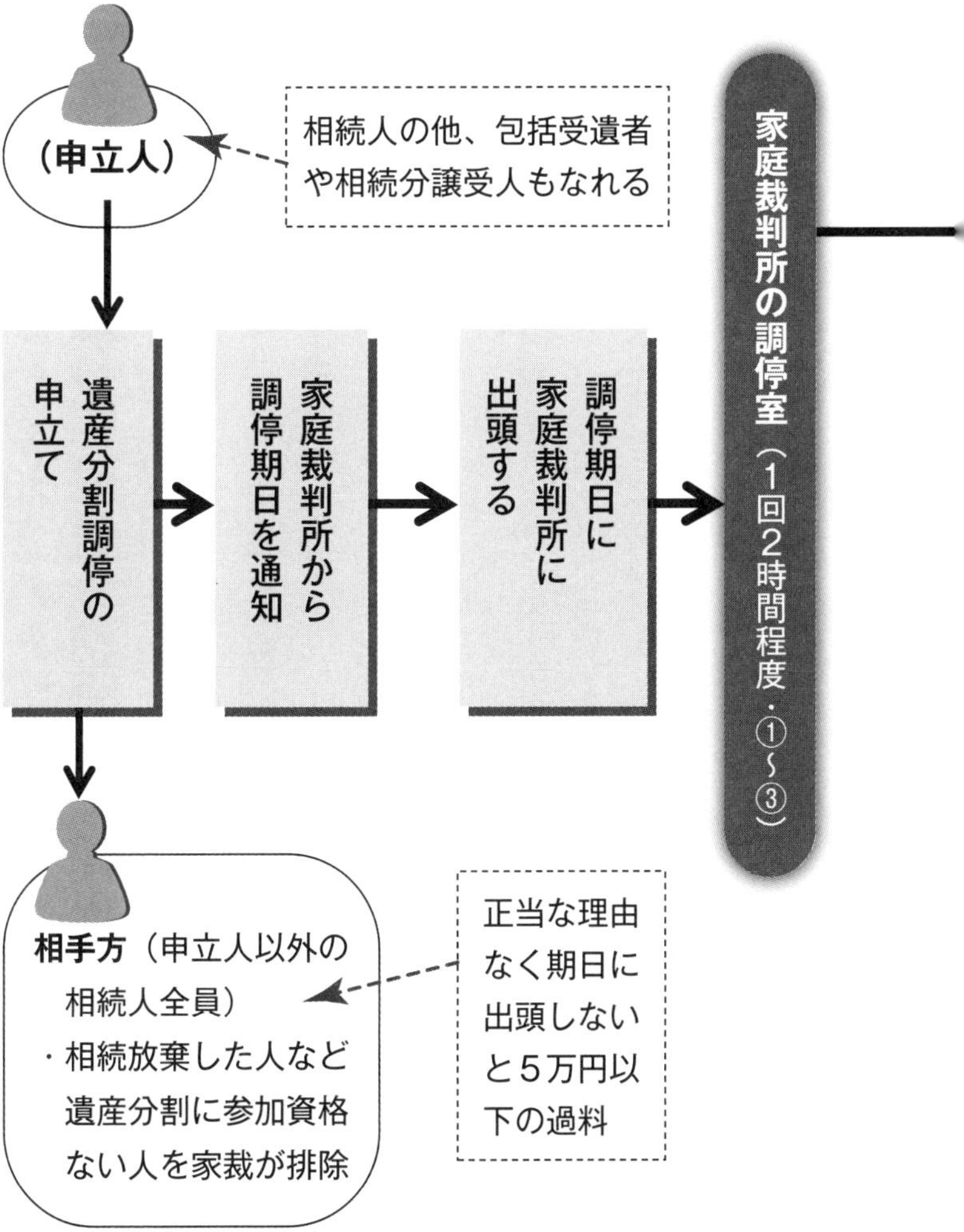
（申立人）
相続人の他、包括受遺者や相続分譲受人もなれる
遺産分割調停の申立て
家庭裁判所から調停期日を通知
調停期日に家庭裁判所に出頭する
家庭裁判所の調停室（1回2時間程度・①〜③）
相手方（申立人以外の相続人全員）
・相続放棄した人など遺産分割に参加資格ない人を家裁が排除
正当な理由なく期日に出頭しないと5万円以下の過料

1

家庭裁判所から通知された調停期日に調停室に出頭して遺産分割調停は始まる

…正当な理由なく出頭しないと5万円以下の過料

◆都合が悪ければ調停期日の延期を家庭裁判所に申し出ればいい

相続人の1人が遺産分割調停を申し立てると、1か月以内には家庭裁判所から当事者（申立人と相手方）双方に調停期日を指定した通知書（呼出状）が送られてきます。指定される期日は裁判所や時季にもよりますが、申立てから概ね1～2か月後です。通知書を受け取った申立人と相手方は、原則として、その調停期日の指定された時間に家庭裁判所に出頭し、調停（調停委員を交えた話合い）をしなければなりません。

もちろん、当事者に出頭できない正当な理由がある場合には、事前に家庭裁判所に連絡し、その許可を得て調停期日を延期してもらうこともできます。連絡すれば必ず変更が認められるわけではありませんが、仕事や旅行、冠婚葬祭など、予定がすでに決まっていて、指定された日時は都合が悪いという場合は、とりあえず家庭裁判所に期日の延期を申し出ることです。ただし、急にレジャーの予定が入ったとか、相手方

調停期日に出席しないとどうなるか

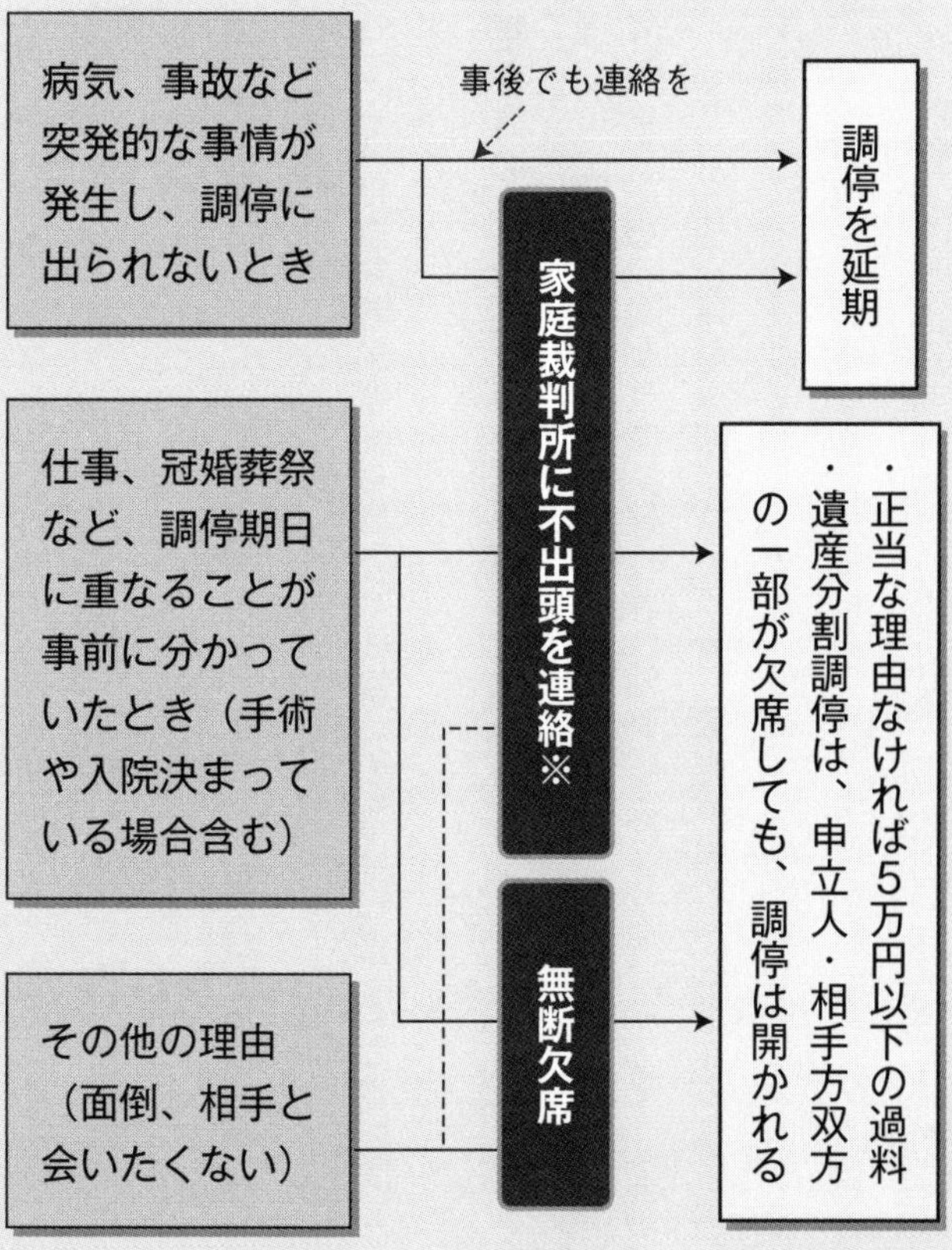
病気、事故など突発的な事情が発生し、調停に出られないとき
仕事、冠婚葬祭など、調停期日に重なることが事前に分かっていたとき（手術や入院決まっている場合含む）
その他の理由（面倒、相手と会いたくない）
事後でも連絡を
家庭裁判所に不出頭を連絡※
無断欠席
調停を延期
・正当な理由なければ5万円以下の過料
・遺産分割調停は、申立人・相手方双方の一部が欠席しても、調停は開かれる

※調停期日の延期・変更が認められるとは限らない

と会いたくないという理由では、まず認めてもらえません（前頁図参照）。

なお、急な病気や事故などを除けば、家庭裁判所への申出は早めにしてください。指定された期日の2週間前ぐらいまでに、調停日時の変更を申し出るといいでしょう（いつまでに申し出ればいいかも通知書に書かれています）。ただし、通知書の申出のリミットが過ぎていても諦める必要はありません。都合が悪ければ遠慮せずに、家庭裁判所に相談すればいいのです。もう間に合わないとか、面倒だからと、調停期日に出頭せず、調停を無断欠席することだけは、絶対に止めてください。

◆相手方の1人が欠席しても調停は開かれる

調停は、当事者やその代理人が出頭しないと原則開けません。たとえば、離婚調停は、離婚したくない夫が欠席し続ければ調停は成立しないのです。妻がどんなに離婚を望んでも、十分な離婚原因があっても、家庭裁判所が夫不在のまま調停を進めて、離婚を認めることはありません。妻は、改めて離婚訴訟を起こすしかないのです。

しかし、遺産分割調停では、期日に当事者全員が出席しなくても調停は開けます。相手方の1人が期日に欠席しても、家庭裁判所は申立人と出席した相続人だけで遺産分割の話合いを進めることができるのです。たとえば、正当な理由なく欠席を続けている間に他の相続人たちが調停委員と一緒に遺産分割内容をまとめ、合意した場合、家庭裁判所は欠席相続人が原因で調停が成立しないと判断すると、**調停に代わる審判**により職権で分割方法を決定したり、その相続人が合意内容を受け入れたと扱うこともあります。それに、遺産分割調停は不成立でも自動的に審判に移行するのです。

そもそも事前の連絡もせずに無断欠席するような相続人は、自分の意見が通らないと暴言を吐くのと同じで、調停委員の心証がいいはずがありません。調停は話合いの場ですから、自分の言い分を聞いてもらいたければ、病気や葬儀、事前に予定されていた仕事など、やむを得ない事情で出頭できない場合を除き、毎回出頭して他の相続人の意見や調停委員の助言に真摯に耳を傾けることです。

なお、**正当な理由がないのに調停期日に出頭しないと、家庭裁判所から5万円以下の過料に処せられます**（家事事件手続法258条1項、51条3項）。

POINT

調停期日に出頭できない場合は延期の申出をすればいいのですが、家庭裁判所は欠席者がいても、遺産分割調停を進めることができます。

2

遺産分割調停の多くは数回の話合いで結論が出る

…調停が不成立なら自動的に審判手続きに移行する

◆調停が成立した事件の半数以上は調停回数5回まで

知人から、「遺産分けで揉めてて」とボヤかれることがあります。たとえば、喪主の長兄が「自分が跡取りだから遺産を全部もらう」と、弟妹に1円の遺産分けもしないと言い出したり、子どもたちが自宅以外に遺産がないからと、そこに住む母親に家を売るよう迫ったりと、法律的にも道義的にも考えられない話も珍しくありません。

そんなとき、市役所の市民相談や弁護士会の法律相談を受けるように勧めますが、同時に紹介するのが**遺産分割調停の手続き**です。これなら日頃法律に縁がない人でも手軽に利用できます。調停の申立てから結論（**終局処分**という）が出るまで、手続きすべてを本人1人でもできることは、第1章、第2章で詳しく紹介しました。

遺産分けの話合い（**遺産分割協議**）が上手くまとまらない場合、この調停が相続人にとって利用しやすい解決手続きであることは、終局処分までの期間の短さや実際の

●調停手続き終了までの実施回数とその期間

（令和元年度司法統計年報家事編より）

全国の家庭裁判所に申し立てられた遺産分割事件のうち、令和元年中に、調停成立・不成立など結果の出た事件（終局事件）は、次の通りです。

受理件数　２万4,976件（第４表・遺産の分割に関する処分など）

（うち元年新受件数）　１万3,801件

既済件数（結果の出た件数）　１万3,408件

（うち**調停成立件数**）　6,353件（47.4%）

（　**調停不成立件数**）　1,233件（9.2%）

（　**調停に代わる審判**）　3,096件（23.1%）

事件終了までの期間（全事件数１万2,785件※）

６か月以内　34.1%（調停成立事件31.5%）

１年以内　68.0%（調停成立事件65.5%）

調停（審判含む）の実施回数（全事件数※）

３回以内　44.6%（調停成立事件33.7%）

５回以内　63.4%（調停成立事件55.0%）

10回以内　87.2%（調停成立事件84.7%）

※第45表・遺産分割事件数

調停回数の少なさにも、よく顕れています。たとえば、損害賠償や借金返済を求める裁判（民事訴訟）は判決まで通常1年以上かかりますが、遺産分割調停はその7割が1年以内に結論が出ます。また、調停が成立するにしろ、不成立になるにしろ、結論が出るまでの調停回数は、6割が5回以内です。長くても10回以内には結論が出ます（前頁表参照）。しかも、1回の調停時間は概ね2時間ほどですから、裁判と比べて、当事者の負担がはるかに小さいことがわかるでしょう。

もっとも、裁判所と聞くと二の足を踏む人も多いようです。しかし、調停は裁判と違って、公開の法廷で相手方と白黒付ける手続きではありません。共同相続人同士が家庭裁判所の調停室で、裁判官と2人以上の調停委員（**調停委員会**という）の助言を受けながら、全員が妥協できる遺産分割方法を取り決める手続きです。しかも、自分の言い分や意見を言う場に相手方は同席しませんので、相手を怒らせたらどうしようなどと怯えるような精神的ストレスはほぼありません。話合いがまとまらない場合、あれこれ悩むより、まず家庭裁判所の調停手続きを考えたらどうでしょう。

◆調停を利用することで冷静になれる

遺産分割協議がまとまらない理由の一つに、相続人同士が互いに感情的になってしまうケースが上げられます。しかし、遺産分割調停では調停委員という第三者が間に入ることで、申立人も相手方も冷静になれるのです。互いの言い分が食い違っても、遺産分割をまとめたいという思いは同じですから、調停委員の助言に耳を傾けます。当事者だけの話合いでは、自分の取り分が減るのは嫌だと一切妥協しないのに、調停委員から妥当な分割方法を提示されると、折り合えるところを探ろうとするのです。

なお、遺産分割調停は、不成立でも自動的に審判に移行します。また、家庭裁判所は調停の途中でも、その成立が見込めないと判断した場合、職権で**調停に代わる審判**をすることができます（家事事件手続法２８４条）。ただ、審判は調停のように当事者の言い分を反映させる裁量の幅はなく、家庭裁判所は民法９０６条の基準に基づき、「遺産に属する物または権利の種類および性質、各相続人の年齢、職業、心身の状態および生活の状況その他一切の事情を考慮して」、遺産分割の方法を決定します。

POINT

遺産分割調停の半数以上は1年以内に、また5回以内の審理で結論が出ます。調停不成立の場合は自動的に審判に移行します。

3

調停委員が当事者双方から交互に意見を聞いて遺産分割調停をまとめていく

……調停の最初と最後だけは双方同席が原則

◆遺産分割調停の場には、当事者以外、裁判官と調停委員しかいない

離婚調停や相続調停などの**家事調停は、家庭裁判所の調停室で行われます**（原則・家事事件手続法265条）。これは遺産分割調停も同じです。調停室は左頁の図①のように、当事者（申立人と相手方）と調停委員会のメンバー（裁判官と調停委員2名以上）とが向き合って座る裁判所もあれば、円形テーブルのところもあるようです。

なお、調停は通常の裁判と違って**非公開**ですので、部屋には原則として、**当事者と調停委員会のメンバーしかいません**（**家庭裁判所調査官**が立ち会うことはあります）。ただし、当事者の代理人である弁護士は同席できます。

調停委員（**家事調停委員**という）とは、当事者である相続人からそれぞれの言い分や意見を聞き、その遺産分割トラブルに必要な助言をして話合いをまとめる手助けをしてくれる人で、通常2名です。非常勤の国家公務員で、弁護士や大学教授など40歳

遺産分割調停の流れ…調停はどう進むか

①調停の始まり（双方立会手続説明）

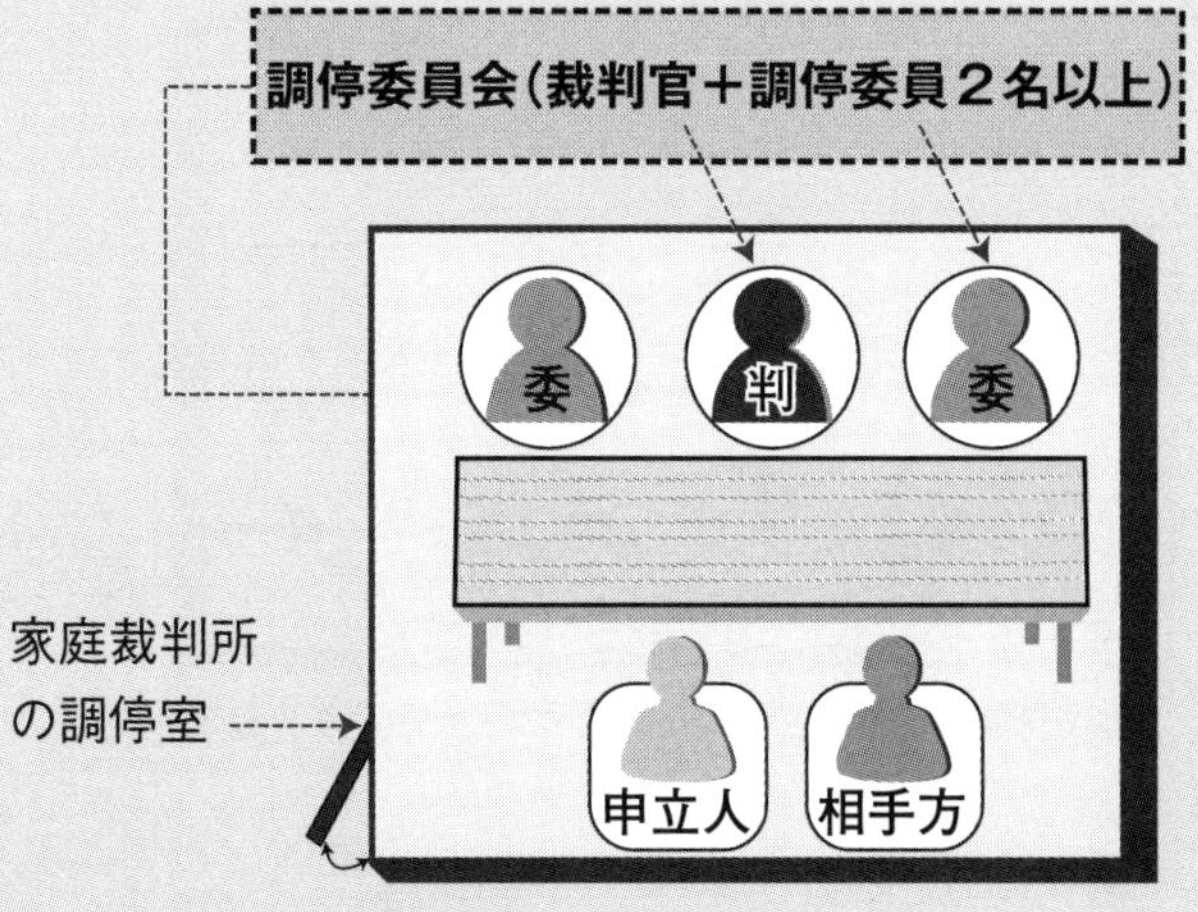

②申立人からの意見聴取

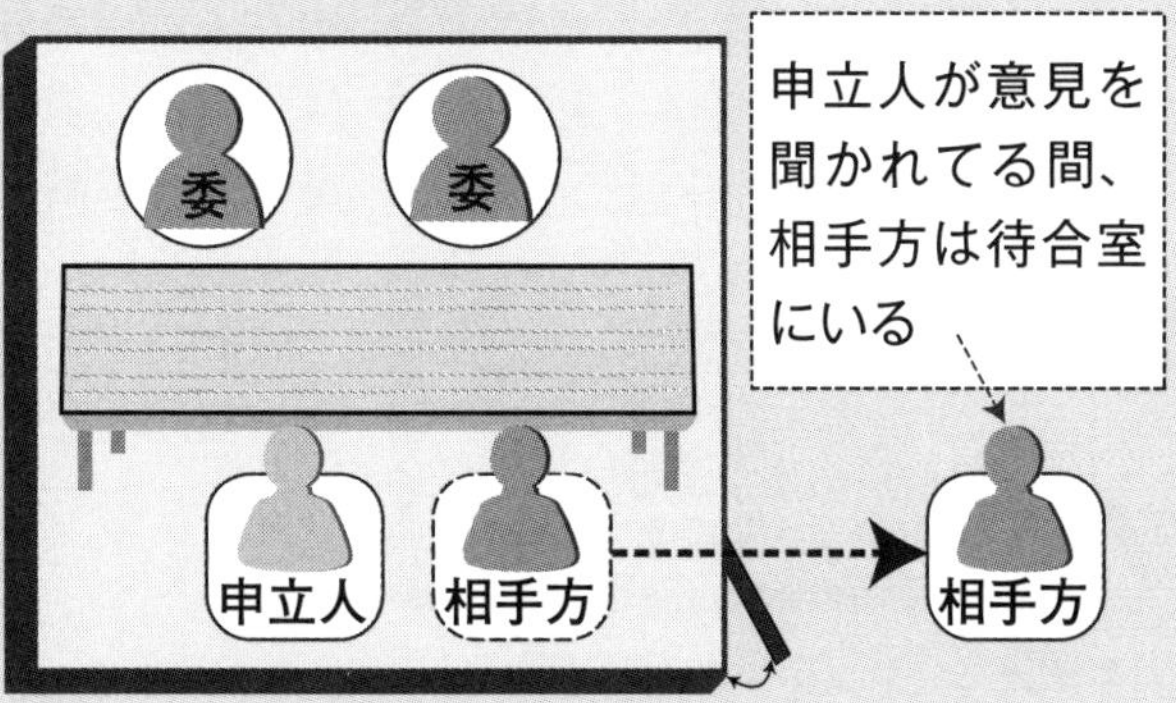

遺産分割調停の流れ…調停はどう進むか

（前ページからの続き）

③相手方からの意見聴取

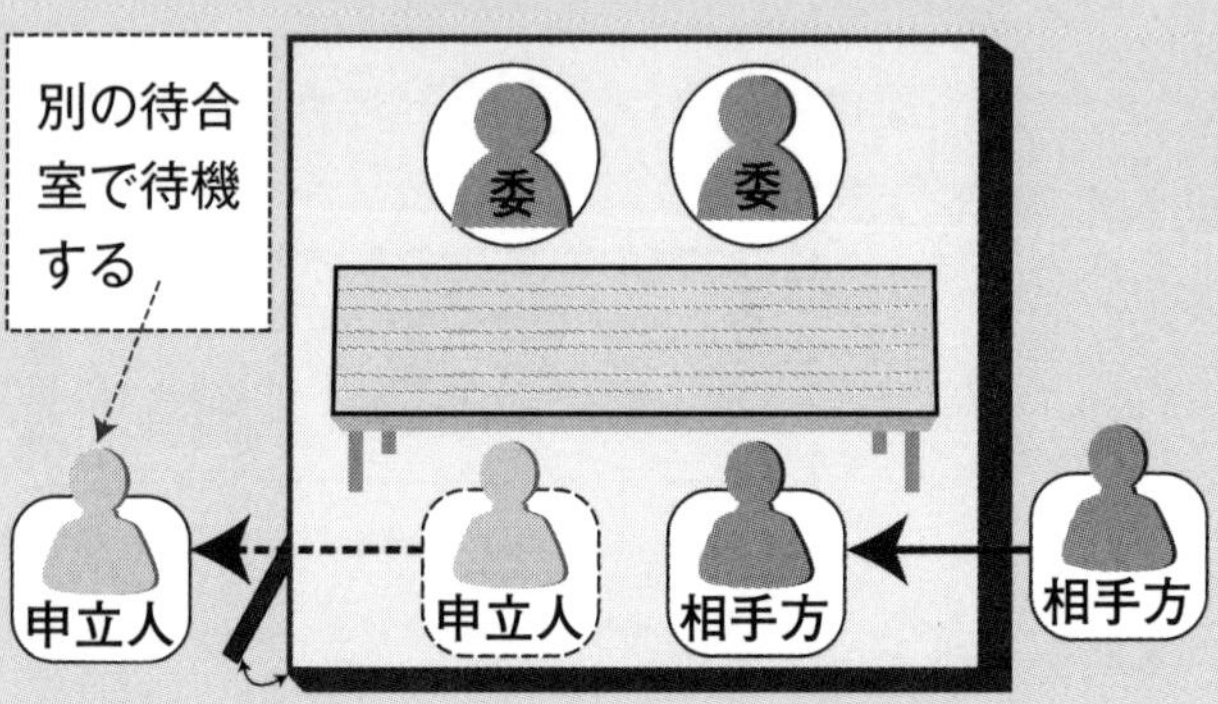

＊調停委員は交互に意見を聴く（②③を繰り返す）

④調停の終了（次回期日の確認など）

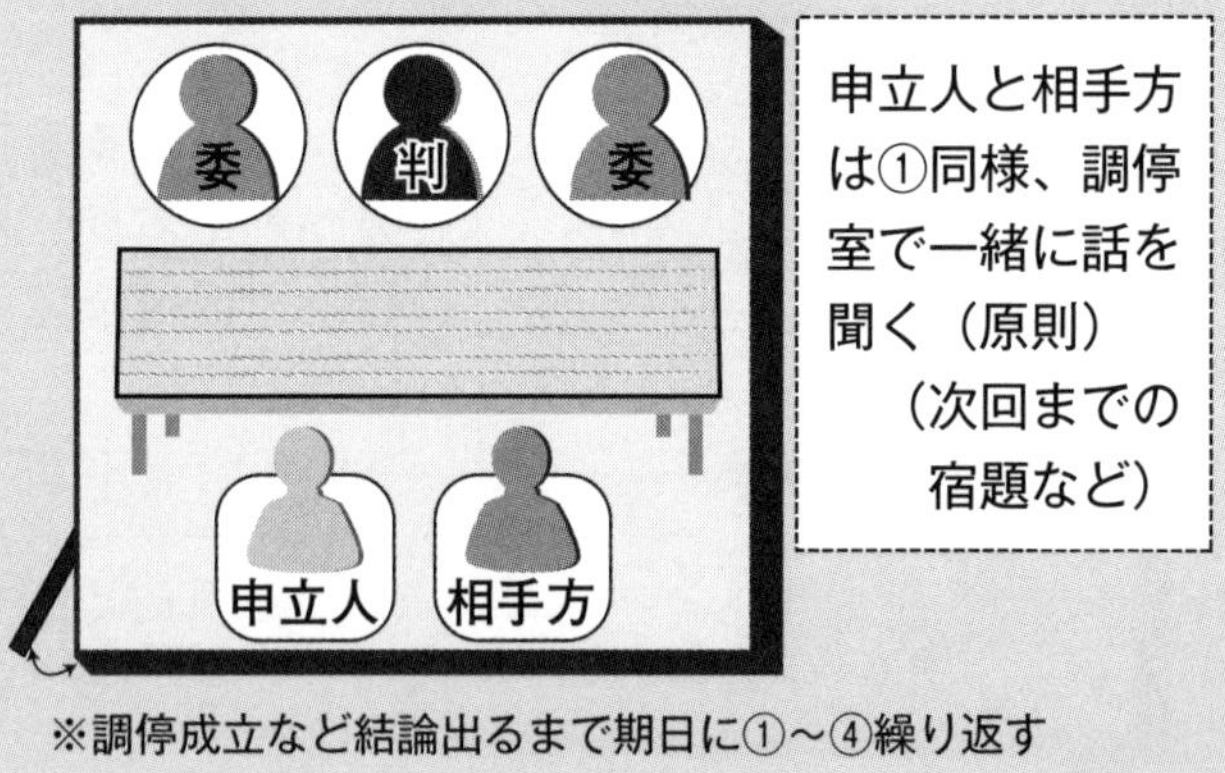

※調停成立など結論出るまで期日に①～④繰り返す

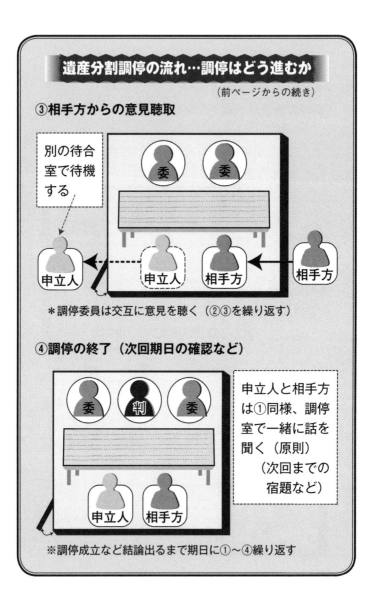

以上70歳未満（原則）の専門家や会社役員といった地域の有識者から選ばれます。

◆調停成立など結論がまとまるまで調停は繰り返される

遺産分割調停は、申立人と相手方の相続人とが指定された期日（調停期日）に家庭裁判所に出頭して始まります（124頁～125頁図解参照）。1回の調停時間は概ね2時間程度です。当日の調停の進め方は135頁および前頁の図①～④のようになります。

当事者はまず、調停室で一緒に調停手続きの進め方などについて説明を受け（**双方立会手続説明**・図①）、その後は、交互に調停委員から話を聞かれるのです（図②③）。たとえば、申立人の相続人が調停室で話を聞かれている間、相手方の相続人は待合室で待機しています。申立人の話が済むと、相手方が調停室に呼ばれ、申立人は相手方の話が終わり、再度呼ばれるまで待合室で待機するのです。なお、申立人と相手方の待合室は別々の部屋なので、その間は双方が顔を会わせることはありません。

そして、双方から意見聴取が終わると、最後にまたそろって調停室に呼ばれます。調停成立など結論（**終局処分**）が出た場合には、当事者（申立人と相手方）で内容を確認し、結論が出ない場合には、次回の期日や次回までの宿題（必要な資料の提出や妥協できる範囲をまとめるなど調停成立に向けての課題）を指示され、その日の調停を終わります（図④）。ようするに、毎回、調停の最初と最後は、その日出頭した当事者の相続人は全員同席ということです（原則）。

もちろん、意見の対立する相続人同士が顔を合わせると、暴言や嫌がらせ、時には暴力沙汰が起きる恐れがあるような場合には、当事者は事前に**事情説明書**（**サンプル3**・110頁参照）、**進行に関する照会回答書**（**サンプル5**・116頁参照）などで、その旨を申し出ておくと、家庭裁判所では同室にしないなどの配慮をしてくれます。

なお、1回の調停で結論が出なければ次回の調停期日を決め、結論が出るまで調停（図①～④）を続けます。遺産分割調停の6割以上は5回以内に終局処分が出るようです（131頁参照）。調停が成立した場合には、その内容を記載した調停証書が作成されます。その内容は、確定判決と同じ効果があります。

POINT

遺産分割調停は、調停委員が申立人と相手方双方から交互に別々に言い分を聞き話を進めますが、調停の最初と最後だけは同席です。

コラム

未成年者はその法定代理人が遺産分割調停に参加する

亡くなった人の遺産をどう分けるか、その共同相続人の話合いがまとまらない場合、家庭裁判所に遺産分割調停を申し立てるのが普通です。

調停の相手方は、申立人以外の相続人全員です。遺産の分け方について、申立人と意見が同じでも、また申立人に一任している場合でも、共同で申立人になる場合を除けば、調停申立書の当事者目録に相手方として記載されます。

ところで、相続人は必ずしも成人とは限りません。共同相続人の中に未成年者がいることも珍しくないでしょう。

この場合には、親権者が法定代理人として、未成年者の代わりに遺産分割協議や遺産分割調停に参加するのです（民法824条）。

しかし、夫が亡くなり、共同相続人が妻と未成年者を含む子どもという場合、妻は未成年の子と利益相反の関係にあるので、親権者でもその子の法定代理人にはなれません。この場合には、親権者である妻は、その子のために**特別代理人**の選任を家庭裁判所に請求しなければならないのです（826条1項）。

選任された特別代理人は、未成年の子に代わって遺産分割協議に参加し、また遺産分割調停の当事者になります。

4

相続人は遺産について知っている事実は調停では隠さない方がいい

…調停でも家庭裁判所が調査や証拠調べをする

◆話合いでも調停でも遺産の範囲の確定は難しい

遺産分割調停は、**①相続人の範囲、②遺産の範囲**（評価額含む）、**③各相続人の取得額、④遺産の取得額による分割**の順で、調停委員を交えて話合いを進めます。当事者（中立人と相手方）が①～④を合意すれば、調停成立です（本章見開き図解参照）。

調停を進める上で最も厄介で手間がかかるのは、②の**遺産の範囲の確定**でしょう。前にも説明しましたが、相続の開始時（被相続人の死亡時点）に遺産（相続財産）がどれだけあるか、正確に把握している相続人はまずいません。遺産目録のある遺言があればともかく、なければ共同相続人は自分たちで遺産を見つけるしかないのです。遺品整理をする中で、預貯金の通帳、確定申告書や納税証明書、証券会社や投資会社からの通知書を見つけたり、相続人がそれぞれの記憶を頼りに、法務局（登記所）で不動産の登記簿を調べたり、金融機関に問い合わせるわけです。

遺産分割協議は、こうやって自分たちで調べた資料を基に進めますが、問題は、他の相続人が知らないことをいいことに、自分が保管する遺産を隠してしまう人がいることです。その遺産を無断で処分（費消）してしまう人もいて、その事実が遺産分割協議の成立後に発覚して、大きなトラブルに発展することもあります。

これは、遺産分割調停でも同じです。審判手続きと違い、家庭裁判所は調停手続きでは職権による事実の調査や証拠調べを原則積極的にはしません（法律上、できないわけではない。次頁参照）。たとえば、もっと預金があったはずだと申立人が主張する場合、職権で調べるのではなく、調停委員会が申立人に対し、預金がありそうな金融機関に問い合わせをするよう助言するだけです。申立人が一定の期日内に被相続人の預金を新たに見つけられなければ、現在わかっている預金額で調停を進めます。

遺産分割協議も遺産分割調停も、その成立後に新たな遺産が見つかった場合、再度話合いや調停をして、その遺産を分けることができるので、遺産を意図的に隠すことはお勧めできません。無断で費消した場合には、刑事責任を問われたり、民事訴訟で返還を要求されることもあります。わかっている被相続人の遺産情報は、他の相続人や調停委員に正直に公開すべきです。

◆遺産の範囲確定のためなら家庭裁判所は調査や証拠調べもできる

遺産分割事件の家事調停でも、家庭裁判所は家事審判同様、必要な事実調査を嘱託し、銀行や信託会社に被相続人の預金や信託財産について必要な報告を求めることができます。資料の収集のため証拠調べも可能です（家事事件手続法258条、62条、64条1項）。遺産分割事件では、これらの調査や証拠調べをすることがあります。

なお、調停委員会から、証拠調べに必要な資料の提出を求められた場合、当事者は可能な限り協力することです。調停や審判では提出命令を拒否しても、裁判のように相手の主張を認めたこと（**真実擬制**という）にはなりませんが（審判では正当な理由のない拒否は10万円以下の過料）、調停委員の心証は悪くなります。

調停をスムースに進めるためにも、調停委員会から遺産に関する資料を出すように求められた場合は、たとえ不利な証拠でも正直に提出することです。

POINT

遺産分割調停では、亡くなった人の遺産の範囲の確定が重要です。当事者は互いに協力して、すべての遺産を明らかにしてください。

5

遺産分割調停では、まず調停委員を味方に付けることを考えよう

…服装や話し方、態度も重要である

◆「誠実」「冷静」「協調」の心構えで調停に臨むとポイントが高い

「調停委員を味方に付ける」というのは、自分に対する調停委員の心証を良くするということです。調停委員は公平な立場で、当事者（申立人と相手方）双方の言い分を聞きますから、好印象を受けたからといって、当事者の一方に極端に肩入れしたり、有利な条件を相手方に強要するようなことは、もちろんしません。ただ、調停委員も人間なので、話を聞く相続人の置かれた立場に同情することもあれば、また当事者に好悪の感情を抱くこともあります。より丁寧な対応をしてもらえたと感じたら、調停委員に好印象を与えたと、思ってもいいかもしれません。

では、調停委員の心証を良くするには、どんな点に気を付けたらいいでしょうか。具体的には、次頁に例示した項目がクリアできていれば、調停委員の心証は良いはずです。自分で、いくつ該当するかチェックしてみてください。チェックできた数が

●調停委員との面接で注意したいポイントは

遺産分割調停で、調停委員に好印象を与える相続人の言動には、次のようなものがあります。できていると思う項目に、チェックを入れてください。

あなたは、いくつチェックできましたか。

□ 申立書など必要な資料は準備してある
□ 前回調停の宿題は済ませてある
□ 服装など不快感を与えない身だしなみをしている
□ 調停委員との面接で冷静な対応ができている
□ 調停委員の質問にはテキパキ答えている
□ わからないことは知ったかぶりしない
□ 自分の言い分が通らなくても感情的にならない
□ 相手方への要求や希望など、自分の言い分や意見がまとまっている
□ 要求内容は妥当なもので、法外なものではない
□ 相手方を一方的に非難したり、誹謗中傷しない
□ 相手方の言い分や意見にも耳を傾ける
□ 自分に非があれば、素直に謝罪する
□ 調停を成立させる意思を本心から表明している
□ 調停成立のために多少の妥協はする気持ちはある
□ 調停委員の意見や仲介を素直に聞き、考慮する

極端に少ない人は若干問題です。調停委員からいい加減で信頼できないと思われる可能性があります。また、相手方の言い分をまったく認めない人は、協調性に欠け、遺産分割調停を成立させる意思がないと判断されるでしょう。

一般的に、「冷静」「誠実」「協調」が、調停委員の心証を良くするポイントです。

◆調停委員に泣き落としは通用しない

自分に都合が悪くなると、すぐ泣く人がいますが、これも調停委員にはあまり効果がありません。感情的になりすぎると、かえって心証を悪くすることもあります。

なお、服装や話し方については、お受験やリクルートを経験している読者の皆様には、よくおわかりのことと思いますので、本書では割愛します。ただ、ブランド物で着飾ること、職業や社会的地位を笠に着た横柄な物言いはマイナスです。

POINT

遺産分割調停を有利に進めるには調停委員を味方に付けることです。誠実な受け答えや誠実な態度はポイントが高いと考えてください。

6

一方的、感情的な主張を続けると、まとまる調停もまとまらない

…調停委員の意見や相手方の言い分にも耳を傾けろ

◆調停委員は双方が妥協しやすい結論を助言する

遺産分割調停の当事者となる共同相続人の中には、自分の意見が絶対正しいと言い張り、他の相続人の言い分に一切耳を貸そうとしない人がいます。自分の考えと少しでも違うと感情的になり、調停委員に対しても食ってかかるのです。これでは、遺産分割調停の成立はまず見込めません。

調停では当事者一方の主張が丸々通ることは稀です。調停委員は当事者双方の一切の事情を考慮して妥当な分割案を提案しますが、結果的に、双方の言い分の間を取る場合も少なくありません。そのため、不満を感じる当事者も多いようですが、自分の考えと違うからといって、感情的になったり無視するのは得策ではないでしょう。

◆相手方の言い分を無視すると、調停をまとめる意思がないと判断される

調停委員の分割案は、遺言の有無、特別受益や寄与分の他、相続人の年齢や職業、生活状況など一切の事情を考慮しており、妥当なものです。審判や裁判で決まる内容と比べても、そう変わりはないと思います。調停委員の提案や助言には、真摯に耳を傾けてください。調停は家庭裁判所が白黒付けるものではありませんから、調停委員の仲介案に不満なら、感情的にならずにキチンと反論すればいいのです。

なお、自分の言い分だけに固執して、他の相続人や調停委員の意見を一切受け付けないと、調停をまとめる意思がないと判断され、調停不成立となります。その場合、自動的に審判手続きに移行しますが、わずかな意見の違いで調停が成立しそうもない場合、家庭裁判所は不調による審判移行前に、職権で**調停に代わる審判**をすることもあります（家事事件手続法284条1項）。どちらにしろ、調停委員の提示した分割案で決まる可能性も高いので、時には妥協することも考えてください。

POINT

相手の言い分を一切聞かない人は、相続調停をまとめる意思がないと判断されます。また、感情的な対応もマイナスです。

7

調停委員の心証は相手方を非難する人より調停成立の意欲が高い相続人の方が良い

…味方は調停委員だけでなく調停の相手方にもいる

◆相手方の悪口は封印し、調停を成立させたいという意欲を見せろ

相続人の中には、調停で「遺産分割協議ができなかったのは、すべて相手方の責任だ。自分に非はない」と、一方的に相手方を非難する人がいます。しかし、調停委員はこういう感情的な言い分に耳を傾けません。むしろ心証は悪くなります。

調停は遺産分割をするために行うのですから、当事者はその成立を目指して建設的な対応をすべきです。たとえば、申立人が遺産分割協議で相手方から相続放棄や不利な遺産分割案を押し付けられるなど嫌な思いをしたとしても、調停では、その怒りを胸の中に封印してください。調停委員には、相手方との話合いの経緯、相手方と自分の言い分や意見の違いなどを簡潔に話し、その上で調停を成立させたいという意欲を伝えることです。もちろん、相手方から強要や嫌がらせがあったことを話すなということではありません。感情的にならずに、事実を冷静に説明すればいいのです。

相手方を非難するより、調停を成立させたいという前向きな意欲の方が調停委員の心証を良くします。**調停委員を味方にする**というのは、こういうことなのです。

◆相手方を分断できれば調停は有利に進む

遺産分割調停では申立人以外の相続人は原則全員が相手方ですが、中には申立人と意見が近い人もいます。また調停などしたくない、取り分だけもらえればいいという人もいるでしょう。こういう相続人は、調停委員が常識的で妥当な分割案を提案すると、相手方の中の強硬派を調停委員と一緒に説得してくれることもあります。

相手方が複数人で、その考え方が統一されていないような場合、申立人が調停委員だけでなく、相手方の相続人の一部を味方に付けることができるかどうかも調停成立の大事なポイントなのです。

POINT

相手方に非がある場合でも、一方的に非難したり誹謗中傷するより調停を成立させるという意欲を見せる方が調停委員の心証は良い。

8

調停委員にウソをつくと自分ペースで調停が進まなくなる

…ウソや誇張は簡単に見抜かれる

◆自分に不利な事実を隠すと、調停委員は敵になる

遺産分割調停の当事者（中立人と相手方）は、調停に至ったいきさつや動機など、その事実関係を調停委員から尋ねられます。相続人の中には、自分に都合のいいように説明したり、相手方の非をことさら大袈裟に言い立てる人もいるようですが、調停委員はプロです。面接を繰り返す間に、どこまでが事実で、どこからが誇張か、必ず見破られます。また、不利な事実を隠したり、ウソを付いても無駄です。調停委員をダマすことなどできません。

事実と違う主張や偽証したことがバレると、調停委員の心証は悪くなります。そればかりか、それまでの主張すべてを疑われて、再度尋ねられたり、確認されることもあるでしょう。当然、余分な時間がかかるわけですし、結果的に自分ペースで調停が進まなくなります。調停委員を味方にしたければ、すべて正直に話すことです。

遺産分割調停で問題になる遺産の内容は

★遺言の有無	隠せば相続欠格
★遺言の真偽	筆跡鑑定が必要
★本人の意思	認知症の有無程度などは医師の鑑定書
★口頭、ビデオの遺言	法的には無効（補完）
★遺言書が複数	原則新しい日付が有効
★特別受益（生前贈与）	結婚支度金、住宅購入資金、事業への出資金
★寄与分（財産の維持増加必要）	単なる同居や世話では寄与分と認められず
★遺言、分割案で指定の資産	遺留分侵害でなくても著しく不利な指定
★債権、債務	分割前に清算できる
★遺産の隠匿	遺産に含めるよう説得
★遺産の着服	事実なら返還を求める

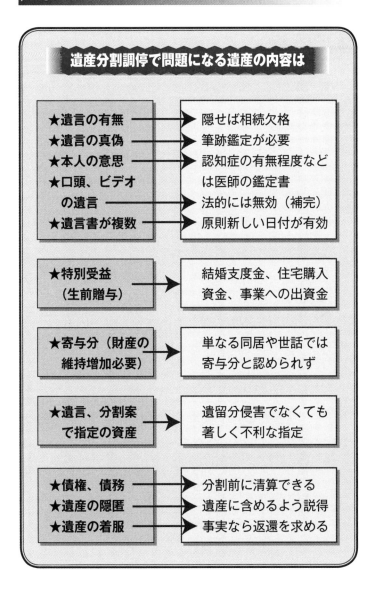

◆口頭やビデオの遺言でも被相続人の意思だと説明すればいい

遺産分割調停で、当事者が最も関心があるのは遺産（相続財産）の範囲とその分け方です。具体的には、前頁図表のような項目について当事者間の言い分が異なることが多いでしょう。遺産の範囲さえ合意できれば、後は比較的容易にまとまります。

合意できないのは、遺産を隠したり、特別受益になる生前贈与の受取りを認めない相続人がいるからです。預貯金は相続を理由に他の相続人が金融機関に問い合わせることもできますし、他の遺産についても、調停不成立で審判に移行し、家庭裁判所が職権で調査すれば、結局は調停でウソをついたとわかってしまいます。

なお、口頭やビデオによる遺言は、法律上無効ですが（民法960条）、被相続人の意思だとして、調停委員に申し述べることは自由です。相手方が認めれば、取り分が多くなることもあります。自分に有利な情報は遠慮せずに話してください。

POINT

調停委員にはウソや誇張は通用しません。ウソがバレて、調停委員の信頼を失うと、調停を有利に進めることができなくなります。

9

相手方の言い分が間違っているときはあいまいにせずキチンと反論しよう

…否定しないと相手方の言い分が正しくなる

◆自分の考えをハッキリ言うことは相手方を誹謗中傷することではない

遺産分割調停では、当事者（申立人と相手方）である相続人の言い分が食い違うのが普通です。遺言の真偽や寄与分、特別受益に含める生前贈与の範囲など、どちらの主張が正しいかで、遺産の取り分が大きく変わるのですから、当然でしょう。

調停委員は明らかなウソや誇張を除けば、当事者と交互に面接しながら、どちらの言い分が正しいか判断したり、互いに妥協できそうな落としどころを探ります。調停は、その心証の良い側に有利に進む可能性が高いでしょう。これまでにも、感情的な態度や一方的な主張は調停委員の心証を悪くすると、説明してきました。

もっとも、これは相手方の言い分や意見を黙って受け入れろ、調停委員の助言には反論するな、ということではありません。相手方の言い分や意見が間違っていれば、ハッキリその誤りを指摘すべきですし、自分の言い分の方が正しいと思えば、その旨

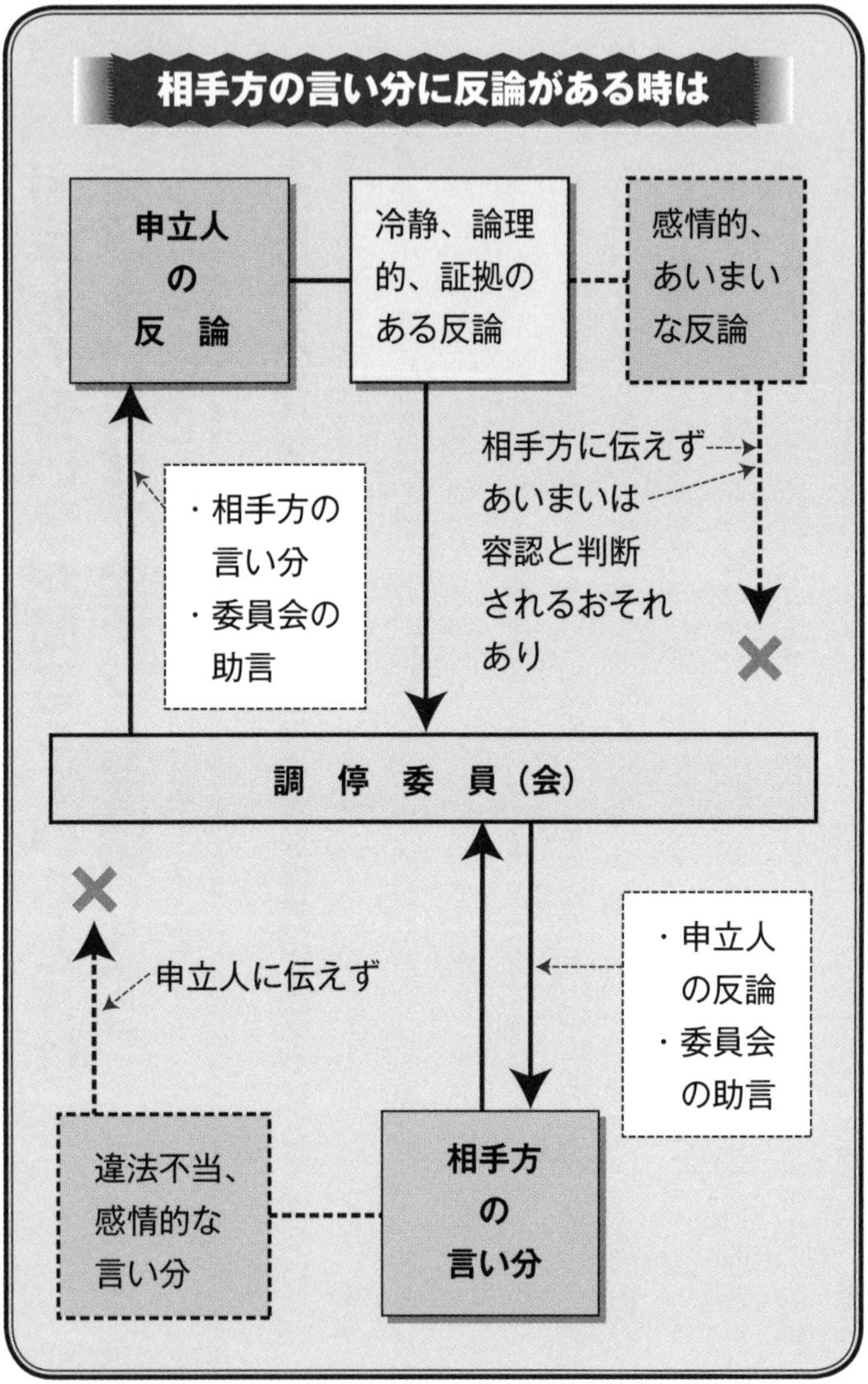
相手方の言い分に反論がある時は
申立人の反論
冷静、論理的、証拠のある反論
感情的、あいまいな反論
相手方に伝えず
あいまいは容認と判断されるおそれあり
・相手方の言い分
・委員会の助言
調停委員（会）
申立人に伝えず
・申立人の反論
・委員会の助言
違法不当、感情的な言い分
相手方の言い分

を堂々と主張すべきです。これは、調停委員の助言や提案にも同じことが言えます。ただし、反論は冷静、論理的にすべきで、できれば証拠を示して反撃してください。

◆あいまいな回答や態度をとる相続人は、調停委員を味方にはできない

調停委員は一方の言い分を鵜呑みにすることはありません。通常、その相手方にも同様の質問をしたり、確認をします。たとえば、相手方の相続人が寄与分を主張した場合、それを申立人に伝えて事実かどうか確認し、反論にも耳を傾けます（右頁図解参照）。調停委員は当事者双方の言い分を聞いて、その正否を判断するのが普通です。

なお、相手方の言い分は間違いだと思ってもハッキリ反論せず、あいまいな返答や態度をとる当事者もいます。ただ、このような「あいまいさ」は調停では不利です。調停委員は相手方の言い分が正しいと判断する可能性が高いと考えてください。

POINT

相手方の言い分が間違っている場合、ハッキリ指摘してください。あいまいな回答や態度をとると、調停は不利になります。

10

調停委員の出す解決案は常識的で受け入れやすい

……一般の人から見れば納得できる妥当なものが多い

◆遺産分割調停は身近なトラブル解決法である

裁判所に持ち込まれるような遺産争いと言えば、超高層マンションや山の手の豪邸に住む資産何十億円の実業家一族のトラブルと思いがちです。しかし、家庭裁判所で調停が成立した遺産分割事件を見ると、分割した遺産金額が1000万円以下の事件が約3分の1を占めます。1億円を超すものは1割にもなりません（令和元年度司法統計年報家事編・次頁表参照。表の数字は審判の認容件数を含めたものです）。

遺産分割調停は、ずっと身近なものだということがわかるでしょう。相続人同士の話合い（遺産分割協議）が上手くいかない理由としては、互いに感情的になり相手の言い分に一切耳を貸さなくなることが上げられます。そして、相続人の配偶者やその親族の口出しも、話合いが混乱する原因の一つです。たとえば、相続人が姉と弟で、2人は遺産を均等に分ける心づもりをしていたとします。しかし、姉の夫や弟の妻が

●調停が成立した遺産分割事件の内容は

（令和元年度司法統計年報家事編より）

全国の家庭裁判所に申し立てられた遺産分割事件で、令和元年中に認容（審判）・調停が成立した事件の解決内容は、次の通りです。

【遺産額】認容・調停成立件数…7,224件
1,000万円以下　33.9%
1,000万円超5,000万円以下　42.9%
5,000万円超１億円以下　10.8%
１億円以上　7.4%
【遺産の内容】…「分割をしない」を除く
土地建物・現金等　32.3%
現金等　18.1%　　土地建物　14.7%
土地建物・現金等・動産その他　11.6%
土地　7.0%　　土地・現金等　6.5%
【特別受益】考慮したもの　8.5%
【寄与分】認めた場合の遺産額に占める割合
10%以下　43.0%　　10%超20%以下　13.3%

あれこれ口出しをして、話合いが上手くいかないということも珍しくないのです。

こんな場合、ズルズル話合いを引き延ばすより、家庭裁判所に遺産分割調停を申し立て、当事者である相続人と調停委員だけで話を進める方が早く解決できます。

◆調停委員は法律の範囲内で最大限当事者の事情を勘案してくれる

遺言による指定がなければ、法定相続分で遺産を分けるという考えに反対する相続人はそう多くないでしょう。揉めるのは、遺産の範囲です。たとえば、寄与分、特別受益、個々の資産の評価額など、相続人各自が自分に都合のいい数字や言い分を並べ立てるのですから、簡単に話合いがまとまるわけがありません。

しかし、遺産分割調停になれば、不動産なら正式な鑑定で評価額を決められます。他の遺産の評価の方法、寄与分や特別受益など法律的なことは、わからなければ調停委員に聞けばいいでしょう。調停委員はいわゆる有識者ですから、評価方法や妥当な数字幅なども一般の人以上に知っていますし、わかりやすく教えてもくれます。

調停委員の説明が、たとえ自分の評価や考えと違っていても、感情的になりやすい相続人同士の話合いとは異なり、「なぜだろう?」と、立ち止まって考え直す切っ掛けにはなるはずです。当事者双方が自分の言い分や資産評価が、法律や社会の常識から乖離しているとわかるだけでも、調停は成立に向けて一歩進んだと言えます。

なお、調停委員は当事者双方の意見を聞いて、双方が妥協できる遺産分割案を提案したり、助言してくれます。その内容は、社会一般の人から見れば、十分納得できる常識的で、妥当なものが多いはずです。また、審判や裁判と違って、調停は家庭裁判所の裁量が許されています。法律の範囲内ですが、調停委員は当事者双方の相続人の事情を最大限勘案してくれるはずです。調停をまとめたいのであれば、自分の言い分や考えに固執して、検討もせずに拒絶することだけは止めてください。

もちろん、調停委員の提案や助言を必ず受け入れろとか、迎合しろということではありません。納得できなければ反論してもかまいませんし、疑問点はトコトン質問をすればいいのです。「誠実」「冷静」「協調」の心構えを忘れない限り、調停委員の提案や助言に反論したからといって、その心証が悪くなることはありません。

POINT

調停委員が提案してくる解決案は公平で常識的なものです。迎合する必要はありませんが、妥協できないかどうか検討してください。

11

調停の場を想定してリハーサルをしてみる

…自分の言い分を十分伝えられないと悔やむことが多い

◆事前に練習しておくと、実際の調停で慌てることはない

1回の調停時間は、概ね2時間ほどです。ただし、当事者双方同席の立会手続説明と次回期日確認の時間を除けば、申立人と相手方が別々に調停委員と面接できる実際の時間は各自1時間にも満たないでしょう。その短時間の中で、調停委員からの質問（**聴聞**）に正確に答え、自分の言い分を的確に伝えることは容易ではありません。

裁判と違って非公開とはいえ、一般の人には裁判所は堅苦しい場所です。大抵の人は緊張して言いたいことの半分も言えないと思います。しかし、あいまいな受け答えをしたり、反論をしない場合、調停委員はあなたが相手の言い分を認めたと判断することもあるのです。そうなると、調停自体が不利になることも少なくありません。

遺産分割調停を上手に乗り切るには、事前に調停を想定したリハーサルをした方がいいでしょう。就職や入試の面接と同じで、調停を想定した問答を予習しておくと、

調停委員の質問を想定し、答えを考える

【事例】相続人は妻と３人の子。法定相続分による相続割合に争いはないが、姉と兄には特別受益に含める生前贈与があると、末子が調停申立て。兄と姉、末子も学費の生前贈与があると反論。

自分（兄）に不利な点、言い分の欠陥を考える
（住宅ローンの頭金以外に生前贈与を受けている）

↓

申立人（末子）の反論、言い分を予想する
（学費は特別受益に含める必要はない・など）

↓

調停委員の聞き取りの内容を予想する
（頭金の金額、時期、現在の評価額・など）

↓

物件価格下落で評価額より住宅ローンの残債多く、特別受益にならないと主張。

↓

自分と姉は高卒だが、申立人は大学在学中。その学費も特別受益に含めるべきだと主張。

実際の調停で慌てずに済みます。返答に詰まることもありません。通常、調停期日は申立てから1か月ないし2か月後ですから、リハーサルの時間は十分あります。

◆相手方の言い分や自分の主張への反論も想定して練習をする

リハーサルが必要なのは、申立人も相手方も同じです。ここでは、調停を申し立てられた相手方のケースで考えてみましょう。

重要なのは、調停委員から聞かれるであろう質問内容を想定し、その答えを考えておくことです（前頁図参照）。具体的には、①自分の言い分（答弁書の記載内容含む）に対する相手（申立人）の反論や調停委員の質問、そして②申立人の言い分（申立書、事情説明書含む）とがあります。その際、自分に不利な状況も想定し（生前贈与が他にもあるなど）、その回答や反論も考えておくと、実際の調停で慌てずに済みます。

POINT

調停で上がってしまい、言いたいことの半分も言えなかったという話は良く聞きます。事前に練習すると、調停に落ち着いてのぞめます。

12

当事者が複数いる場合には意見のすり合わせも必要になる

…遺産分割調停の相手方は意見がバラバラなのが普通

◆意見をまとめておかないと申立人に付け込まれる

遺産分割調停の相手方は、申立人以外の相続人全員です。相続放棄をした人、相続分の譲渡人など家庭裁判所が排除決定で当事者を絞り込むこともありますが、前項で紹介した事例のように、相手方が複数人というケースが多いでしょう。ただ、遺産分けの考え方は、必ずしも全員が同じとは限りません。

申立人と差のない人もいれば、遺産の範囲から資産の分け方まで申立人とは大きく異なる分割方法を主張する相続人もいます。調停では、申立人と相手方が交互に調停委員から質問され、その意見を聞かれます（**聴聞**という）が、意見がバラバラだと、調停委員は心証として申立人の言い分が建設的と判断するでしょう。その結果、申立人の意見を軸にした分割案を提案、助言してくることも考えられます。

遺産分割調停の相手方として家庭裁判所から期日に出頭するよう通知書（呼出状）

が届いた相続人は、前項のようなリハーサルは無理でも、事前に連絡を取り合って、調停期日までに互いに意見をすり合わせておくといいでしょう。できれば妥協できるラインを決めておくと、調停を有利に進められます。

◆1人の相続人に一任する方法もある

相手方は、その意見の違いだけでなく、別々に居住していることも多いので、互いに会う機会が限られるなど、申立人と比べて最初から不利な点も少なくありません。そこで、調停に出る相手方の相続人は1人とし、その相続人に一任するという方法もあります。遺産分割調停は一部の相続人が欠席しても開かれるので、その方が成立しやすいのは確かです（本章1項参照）。ただし、正当な理由なく調停を欠席した場合、行政罰があります。

POINT

調停の相手方は遺産分割に関する意見が必ずしも同じとは限りません。中立人に付け込まれないよう事前に意見のすり合わせをすることです。

13

遺産分割調停をまとめたければ相手方との妥協も大切である

…調停を取り下げるのも自由である

◆調停委員が提案する遺産分割案は審判でも大きく変わらない

遺産分割調停は、不成立なら自動的に審判に移行し、調停が成立するか、申立人が調停を取り消さない限り、**家庭裁判所が遺産分割方法を決定します**（1章1項参照）。もちろん、この決定に不満なら、当事者である相続人は審判をした家庭裁判所を管轄する**高等裁判所に即時抗告ができます**（家事事件手続法198条1項）。なお、申立て（**抗告状の提出**）をするのは**原裁判所**（審判をした家庭裁判所）です。

審判手続きの具体的な流れや進め方は、この本では説明を省略します。ただ、審判により決定する分割方法が、調停委員が提案した遺産分割案から大きく変わることはまず考えられません。調停で遺産分割をまとめたいなら、調停委員が提案した分割案を叩き台にして、相手方と折り合える着地点を探すことです。

前にも述べましたが、遺産トラブルの原因は、取り分の損得より相手方との感情的なもつれによることも少なくありません。互いの言い分の差がわずかなら、相手方と妥協することで、少しでも早く遺産分けを終わらせるように努力すべきです。

◆調停に勝つとは必ずしも調停を成立させることではない

遺産分割調停の申立人は、必ずしも家庭裁判所の**家事事件（家事調停・家事審判）**による解決を望んでいるわけではありません。話合いでは相続人全員の合意が得られないため、仕方なく調停を申し立てるのです。

このような場合、当事者は調停成立を目指す一方で、家庭裁判所の外でも話合いを続けてもかまいません。申立人は調停が終了する（**終局処分**の出る）まで、いつでも調停取下げができるのです（２７３条）。相手方と互いに妥協して遺産分割の話合いがまとまれば、必ずしも調停を成立させる必要はありません。

POINT

調停でも話合いでも互いに少しだけ妥協するつもりがあれば、遺産分割は当事者双方にとっていい結果でまとまるはずです。

14

遺産分割に付随する問題があれば遺産分割調停で一緒に話し合うのがいい

…付随する問題を扱うのは原則3回まで

◆当事者の相続人は調停を有利にしようと付随する問題を話したがる

遺産分割調停は、相続人全員が納得できる遺産分けの方法をまとめるのが目的ですから、調停を進める上で大事なのは、**相続人の範囲**、**遺産の範囲と評価**について確定することです。しかし、現実の調停では、申立人も相手方もこの内容より、**遺産分割に付随する問題や遺産分割と直接関係ない問題**を持ち出すことも多いようです。その話で、調停が有利になるわけでも、調停委員の心証が良くなるとも思われませんが、調停の場でリラックスできるのなら、こんな話から入るのもいいかもしれません。

もちろん、遺産分割に付随する問題（次頁図解参照）については、遺産分割調停の当事者である相続人全員の合意があれば、その調停手続きの中で話し合うことは自由です。遺産分割の方法と一緒に、調停で決められれば余分な手間も省けます。

ただし、調停不成立の場合には、遺産分割それ自体の争いは自動的に審判手続きに

遺産分割調停に付随する問題の解決は

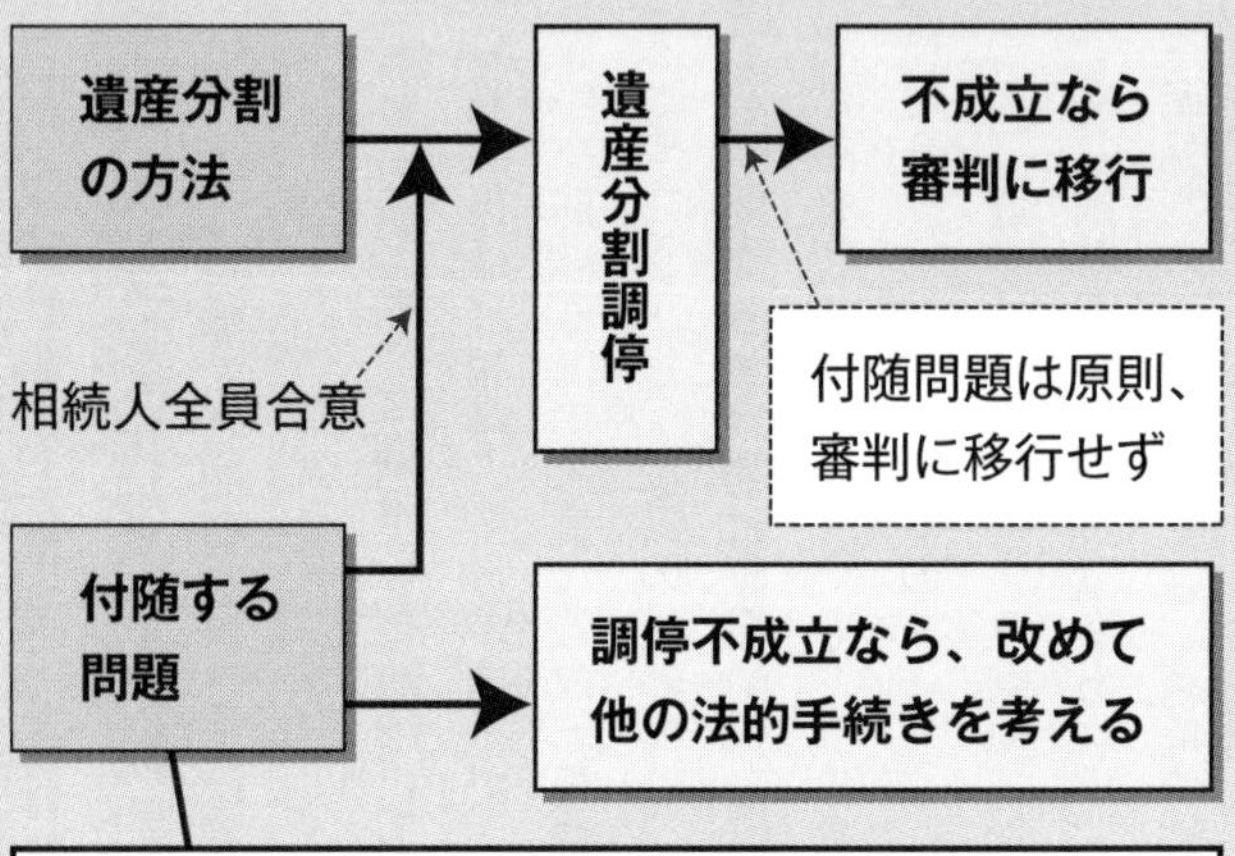

【当事者が言い出す付随する問題の具体例】

- **葬儀費用の負担と祭祀承継者**
- **使途不明金の扱い**（一部の相続人が被相続人の預貯金を無断で引き出した場合・など）
- **被相続人の借金など相続債務**
- **同族会社の自社株の分割**（経営権の問題）
- **老親の扶養、介護**（扶養義務者の取り分を他の相続人より多くするかどうか・など）
- **金銭貸借**（被相続人と相続人との貸し借り、相続人同士の貸し借り・など）

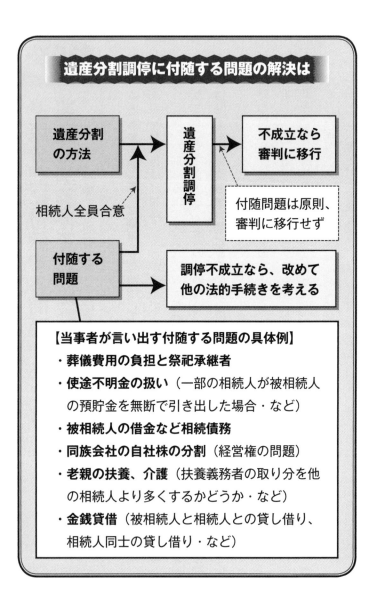

移行しますが、付随する問題は遺産分割審判の対象にはなりません。個々の問題ごとに、改めて民事訴訟など別の法的手続きを申し立てるしかないのです。

◆付随する問題にこだわって遺産分割調停を長引かせるな

当事者が調停で、遺産分割の方法以外の問題を言い出しても、調停委員はいきなり話をさえぎるようなことはしません。ただ、1回の調停時間は2時間程度ですから、遺産分割と直接関係のない話を長々とすると、調停委員から本論に戻るよう促される心配があります。当然、その心証は悪くなり、調停が有利に進むこともありません。

なお、付随する問題については、通常3回程度しか話し合う機会はないようです。その回数は調停委員から伝えられますので、長引かせないでください。事前にリハーサルをするよう勧めるのは、このような失敗をしないためです（本章11項参照）。

POINT

遺産分割に付随した問題も、遺産分割調停の中で一緒に解決をしてしまうと面倒はありませんが、話し合える回数には制限があります。

◇具体例21でみる遺産分割調停の注意点と対処法

調停委員を味方に付けるにはこう受け答えすればいい

★同じ言い分でも、得する受け答え、損する受け答えがある

遺産分割調停の申立て（新受件数）は、平成16年に1万件を超えて以来、増加傾向にあります。令和元年は1万3801件でした。前年までに受理し結論（終局処分）が出ていない事件も含めると2万4976件、その過半数1万3408件で終局処分が出ています。調停が成立したのは約5割6353件でした（131頁参照）。

遺産分割調停が成立するかどうかは、相手方と妥協できるかどうかです。そのためには調停委員を味方にして、調停成立に有効な解決案や助言をどれだけ引き出せるかどうかにかかっています。

ここでは、遺産分割調停の席で、調停委員とどう関わればいいか、受け答えはどうすれば有利かなど、その対応の注意点と対処法を具体例で紹介します。

ケース①
子ども3人が亡夫の遺産分けでもめているが・・・

夫が亡くなり、遺産分けをすることになりました。相続人は妻の私と3人の子で、遺産は夫名義の自宅（評価額1500万円）と預金1200万円です。自宅は私が、3人は預金を相続することで合意したので、遺産分けは簡単に終わるはずでした。ところが、長男と長女が預金を400万円ずつ均等に分けたいと言うと、二女は、長女は結婚の支度金200万円、長男は住宅購入の頭金400万円を夫から生前贈与されているのに、均等に分けるのはおかしいと反論したのです。長女と長男は、二女も専門学校の学費100万円を出してもらっているから条件は同じだと、二女の取り分を増やすことを拒否したため、二女は遺産分割調停を申し立てました。私にも相手方の1人として、家庭裁判所から呼出しが来ています。

★

●生前贈与は特別受益として遺産に含めることになる

遺産分割調停では、申立人以外の相続人は全員相手方になりますので、あなたにも呼出状が来たのでしょう。ただ、あなたが自宅を相続することを３人の子は了承していますし、調停では預金についてのみ審理の対象にされると思います。

　では、二女の言い分は通るでしょうか。少なくとも、長女と長男の**生前贈与は特別受益として遺産に含める**必要があります。ただし、二女の学費については、その必要はないと思います。調停委員も、おそらく同様の判断をし、二女の言い分を指示するような助言をするのではないでしょうか。

　３人の子は法定相続分で分けることに異論はなさそうですから、相続する計算上の遺産（**みなし相続財産**）は１８００万円で、各自の実際の取り分は、長女４００万円、長男２００万円、二女６００万円です（具体的な計算式は１章12項の図解参照）。

　あなたとしては、調停委員からこのような提案があったら、できるだけ受け入れるように３人を説得するといいでしょう。

POINT

調停では特別受益となる生前贈与があると、調停委員から遺産に含めるよう助言されます。たとえ不満でも、拒否せず話を聞くことです。

ケース②
遺産の大半は自宅なのに、兄が相続して住むというが・・・

母が亡くなり、兄と妹の私で遺産分けをすることになりました。遺産は実家の土地建物（評価額1500万円）と預金300万円です。二人とも母とは別居でしたので、実家を売って換金し、法定相続分の900万円ずつ分ければいいと思っていました。でも兄は、自宅は母の面倒をみてきた自分が相続し、住むと言います。私は結婚の際、母に200万円もらってるのだから、300万円の預金でガマンしろと言うのです。たしかに、実家近くの社宅にいた兄は、頻繁に母の様子を見に行っていましたが、1500万円と300万円では、違いすぎます。

納得できないので調停を起こすつもりですが、遺産の半分をもらえますよね。

★

●寄与分は認められないが、生前贈与は特別受益になる

まず、遺産分けの対象になる相続財産を計算してみましょう。お兄さんの言い分は、母親の面倒を見ていたから**寄与分**があるということだと思います。ただ、調停などで

認められる寄与分の割合は、遺産額の10％以内が約４割、過半数が20％以内です（157頁表参照）。それに、様子を見に行っただけでは寄与分をもらえる**被相続人の療養看護**をしたことにはなりません（１章10項参照）。調停委員も、寄与分については、お兄さんの言い分を認めないでしょう。

一方、あなたが結婚の支度金としてもらった生前贈与の２００万円は、**特別受益**として遺産に含めるべきだと判断されるはずです。計算上の遺産（**みなし相続財産**）は２０００万円（＝１５００万円＋３００万円＋２００万円）で、法定相続分で分けると、実際の取り分は、お兄さん１０００万円、あなた８００万円となります。

お兄さんが自宅を相続し、そこに住むというのであれば、差額５００万円を払うか（分割でもいい）、自宅を持分２対１で共同所有し、あなたに月々賃料を払うという案を提案してはどうでしょう。調停委員も、お兄さんを説得してくれるはずです。

POINT

自宅を相続する人から相続分の差額を現金でもらうか、兄妹の共有名義にして住む人から賃料をもらう方向で調停をまとめたらどうでしょう。

ケース③ 家族関係が複雑で遺産分割協議がまとまらないが・・・

父母が離婚し、私は母に引き取られました。その後、父は再婚し、再婚相手との間にも2人の子がいます。先日、父が亡くなり、その葬儀の後で、遺産分けの話合いがもたれました。父の遺産がいくらあるのかわかりませんが、長男の私の法定相続分は6分の1です。ところが、その席で、再婚相手の女性から見せられた父の遺言書には、私の取り分はゼロと書かれていました。父の自筆に間違いありません。

遺産は、後妻が2分の1、彼女の2人の子が6分の1ずつ、そして父の愛人と愛人が生んだ子に12分の1ずつ渡すと、書かれていました。

ただ、父は認知症だったと聞いてますし、自分の意思で遺言書が書けたとは思えません。納得できないので遺産分割調停を起こしますが、私も遺産をもらえますよね。

★

●遺言の無効が通らなければ再婚相手の2人の子に遺留分侵害額請求を

亡くなった父親の夫婦関係、男女関係は次頁図解の通りです。法定相続人は、後妻

被相続人の家族関係と相続分

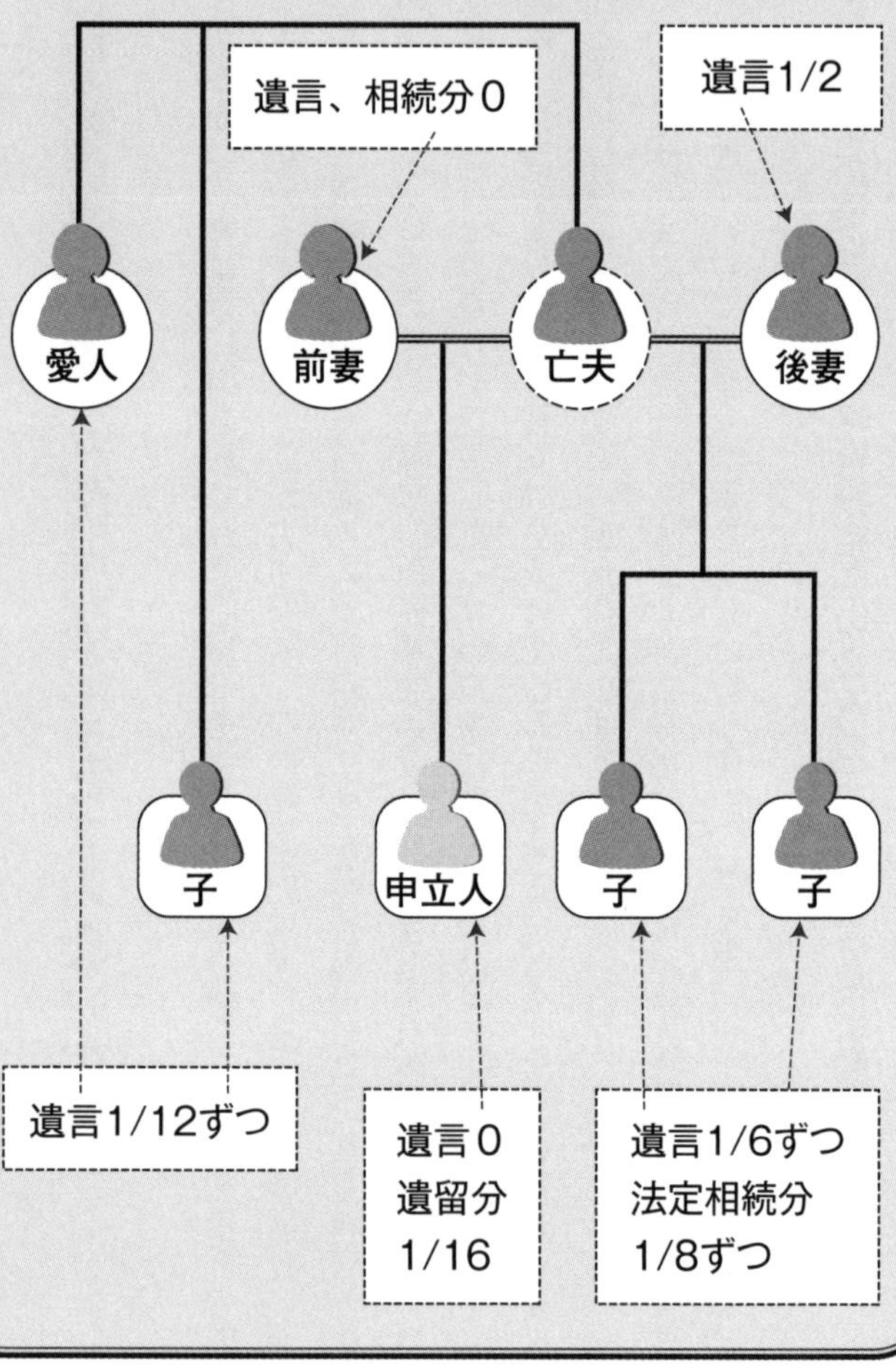

と4人の子ですが、前妻と愛人には相続権はありません。

申立人は法定相続分による遺産分割の調停を求めているようですが、父親の遺言書は**自筆証書遺言**なので、まず**家庭裁判所の検認手続き**で、正しい遺言方式で書かれたものかどうかを確認する必要があります。ワープロで書かれたり、日付や押印がない遺言書は無効です。なお、遺言書が本人の意思で書かれたものかどうかは調停手続き以外の法的手続きによる確認が必要かもしれません。ただ、遺言書が無効であれば、調停委員は法定相続分による遺産分割案を提案してくると思います。

遺言書が本物の場合、調停委員は被相続人の意思を尊重し、遺言書通りの遺産分けをするよう助言するはずです。しかし、申立人には遺産を必ずもらえる**遺留分**（16分の1）があります。遺言書はその遺留分を侵害していますので、遺留分を侵害している愛人と後妻の2人の子に侵害額に応じて支払うよう調停委員は助言するでしょう。

POINT

家族関係が複雑で話合いがまとまらない場合、極端に不利な遺言書などがある場合には、遺産分割調停を申し立てるといいでしょう。

ケース④ 遠くに住む相続人がいて遺産分けの話合いができない・・・

夫が亡くなり、遺産相続の手続きをしたいと考えています。私たち夫婦には子がいないので、相続人は妻の私、亡夫の姉2人と弟3人の計6人です。義姉の1人はすでに他界していますので、義姉の分はその4人の子が相続します。ただ、他の相続人は皆、遠方に住んでいるので、全員で集まっての遺産分割協議は難しそうです。

そこで、遺産分割案を作り、相続人全員に送ってみました。遺産はすべて換金し、私が4分の3、残りの4分の1を夫の姉弟で5分の1ずつ分けるという案です。亡くなった義姉の分は4人の子が均等に分けます。ところが、義理の甥姪以外は、遺産の取り分に不満らしく、亡夫との関係の深さなどを言い立て、他の相続人よりも遺産を多くしろと返事がきました。といって、話合いに集まるのは面倒だと言います。

私も高齢なので1日も早く夫の遺産を整理し、老人ホームに入所したいのですが、サッサと遺産分けを済ませることのできる何かいい方法がありませんか。

★

●他の相続人全員を相手に遺産分割調停を申し立てればいい

遺産分割協議ができないのですから、他の相続人全員（義姉、3人の義弟、義理の甥姪4人の計8人）を相手方として、その1人の住所地の家庭裁判所に遺産分割調停を申し立てるといいでしょう。遠隔地の相手方はテレビ電話会議システムも利用できますので、遠いから出頭できないという言い訳は通用しません。また、調停が不成立なら自動的に審判手続きに移行しますし、相手方の一部が欠席しても調停は開けるのです。出席した当事者と調停委員で話合いを進めて遺産分割の合意ができると、家庭裁判所は、正当な理由もないのに要請しても出頭しない相手方は合意内容を受け入れた扱いとしたり、調停に代わる審判で遺産分割方法を決定することもあります。

なお、あなたの法定相続分は遺産の4分の3ですが、調停の結論が待てなければ、自分の相続分を他の相続人や第三者に譲り渡してしまう方法もあります。

POINT

共同相続人が遠隔地にいて、遺産分割協議に度々集まるのが難しい場合、協議書を持ち回りにするか、遺産分割調停を申し立てることです。

ケース⑤

老人ホームで暮らす父が再婚していたら、その遺産は・・・

老人ホームで暮らしていた父が亡くなりました。遺産は銀行預金500万円のみ、相続人は娘の私と妹だけです。ところが、相続手続きのため父の除籍謄本を本籍地の市役所から取り寄せると、父は同じホームで暮らす女性と再婚していました。死亡届もホームが出したので、除籍謄本を見るまで私も妹もまったく知らなかったのです。

婚姻届は父に頼まれたホームの職員が提出したそうですが、私たちに再婚のことは伝えたと話していたようです。私は相手の女性に会って相続放棄を頼んだのですが、妻の権利だからと遺産の半分を要求され、断ると、以後会ってもらえません。

私と妹は共同で、その女性を相手方とする遺産分割調停を申し立てました。遺産を渡さずに済ませるには、どんなことに注意して調停に出ればいいですか。

★

●妻の取り分をゼロにはできないが、低く抑えた金額を提示するといい

あなたと妹さんの驚きは、よくわかります。ただ、ホームの職員が婚姻届を代わり

に提出したところをみると、お父さんは正常な判断ができ、結婚の意思も間違いなくあったのでしょう。結婚は法律上有効ですし、相手の女性は**配偶者相続人**として遺産の2分の1を受け取る権利があります（民法890条、900条1号）。

調停委員も法定相続分による遺産分割を助言するのではないでしょうか。このようなケースで、遺産の半分を取られるのは悔しいと、調停の場で怒鳴ったり、調停委員に暴言を吐く当事者がいますが、これはNGです。調停委員の心証は悪くなるばかりですし、調停が有利になるとも思えません。反論することはかまいませんが、誠実、冷静、協調の心構えを忘れないことです。

なお、相手方に1円の遺産も渡さずに調停を成立させるのは難しいと思いますが、調停では裁量も認められていますので、あなた方が渡してもいいと思える金額を調停委員に提示し、相手方と折り合いをつける方法もあるのではないでしょうか。

POINT

老人同士の結婚では、ありがちな問題です。当事者だけの話合いはダメでも、遺産分割調停を利用すると双方にいい形での解決も可能でしょう。

ケース⑥ 遺産分割前に相続人の1人が自分の相続分を他人に売ったが・・・

小さな会社を経営していた父が亡くなりました。私と兄と弟の3人の息子がいますが、誰も後を継がないので、父は半年ほど前に会社を清算し、その整理を終えた直後に倒れたのです。遺産はわずかな預金の他は、会社が入っていた3階建てのビルだけでした。評価額は1億5000万円です。

相続人は私たち3人ですから、預金は今後の法事の費用の一部として祭祀承継者の兄が預かることで合意し、それ以外の遺産については、といってもビル以外にはありませんが、兄弟で3等分することで話合いは大筋まとまっていました。ただ、ビルを3人の共有名義にし、テナントに貸すか、それとも売って換金するかで、3人の意見が分かれたのです。私と兄は賃料収入を期待して貸しビルにするつもりでしたが、弟は売却して現金5000万円ずつ分ける方がいいと、主張しました。

何度話し合っても平行線で、話はまとまりません。そのうち、弟はいくら連絡しても「売るのでなければ話し合ってもムダだ」と、私たちと会うことを拒否するように

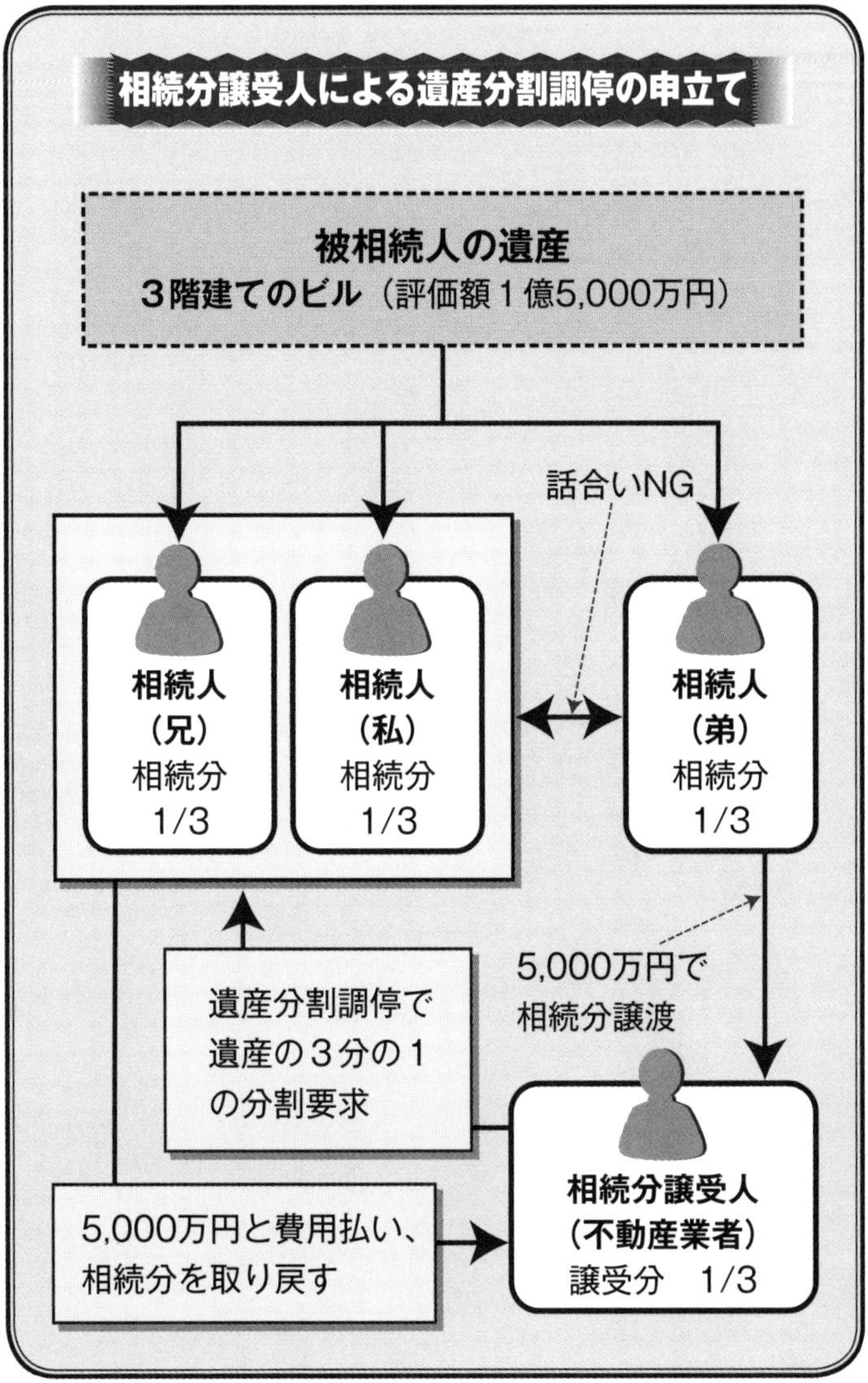
相続分譲受人による遺産分割調停の申立て
被相続人の遺産
３階建てのビル（評価額１億5,000万円）
話合いNG
相続人
（兄）
相続分
1/3
相続人
（私）
相続分
1/3
相続人
（弟）
相続分
1/3
5,000万円で
相続分譲渡
遺産分割調停で
遺産の３分の１
の分割要求
相続分譲受人
（不動産業者）
譲受分　1/3
5,000万円と費用払い、
相続分を取り戻す

なったのです。ビルの相続登記をしないままにしておくわけにもいきませんし、弟を相手方とする遺産分割調停を申し立てようかと、兄と話し合っていました。

そんな矢先、家庭裁判所から兄と私に遺産分割調停の呼出状が届いたのです。調停の申立人は不動産業者でした。一緒に送られてきた調停申立書や事情説明書によると、どうやら弟は自分の相続分を5000万円で売り渡し、買った不動産業者が弟の遺産に対する相続分3分の1について遺産分割を求めてきたということのようです（関係図前頁図解参照）。しかし、相続人でもない人が調停を起こせるとは驚きました。

私も兄も、父の残したビルを売るつもりもありませんし、知らない人との共有も嫌です。調停では、他人との共有は拒否すると主張するつもりですが、無理ですか。

★

●共同所有が嫌なら、弟が売った金額で買い戻すこともできる

遺産分割調停あるいは**遺産に関する紛争調整調停**を申し立てることができるのは、**相続人**の他に、**包括受遺者**（遺言で遺産相続を指定された人）と**相続分譲受人**（遺産の相続人から、その相続分を譲り受けた人）などです。このケースの不動産業者は、相続分譲受人に当たります。経済的事情で遺産を当てにしているのに、遺産分割協議が中々進まないという場合、早く遺産をもらいたい相続人が、自分の相続分（遺産に

対する持分割合）を他の相続人や第三者に譲り渡すことは、そう珍しいことでもありません。相続分譲受人は相続人の持分割合をそのまま引き継ぎますから、遺産分割手続きに参加できるのです。もちろん、調停の申立人にもなれます。

もっとも、相続分譲受人が申立人の場合でも、遺産分割調停の手続きの流れは同じです。調停を有利に進めるには、調停委員を味方に付けることが大事なことも変わりません。なお、このケースでは、調停委員は申立人の言い分を認めて、ビルの持分を分割するよう助言する可能性が高いと思います。

申立人に持分を渡すのが嫌なら、不動産業者から弟さんが受け取った5000万円と諸費用を申立人に払って、その持分を取り返すことはできます（**相続分の取戻権**。民法905条）。あなたとお兄さんとで、その金額を用意できるのであれば、その旨を調停委員に申し出ることです。ただし、その権利の行使は譲渡後1か月以内です。

POINT

相続人が第三者に相続分を譲渡した場合、その第三者が遺産分割調停を申し立てることがあります。ただし、共同相続人には取戻権があります。

ケース⑦ 亡夫の子を妊娠中なのに夫の兄が遺産を寄こせと言うが・・・

妊娠3か月ですが、夫が急死しました。でも、悲しんでばかりいられません。無事出産し、この子を育てなければならないからです。幸い、共稼ぎでしたし、元々出産後も働くことができる会社なので、当座の暮らしに困ることはありません。

それに、夫の会社から相応の退職弔慰金も出るそうですし、マンションを買うため夫婦で貯めた預金もそれなりにあります。生命保険金もありますし、生まれてくる子と2人、つましく暮らせば、この子を大学に行かせることもできそうです。

ところが、弔慰金や保険金のことを聞き付けた亡夫の兄が、夫の遺産の4分の1を寄こせと言ってきました。子が生まれれば義兄には権利はありませんので、遺産分割は出産後にしたいと頼んだのですが、義兄は相続は夫が死んだ時から始まるので、今子がいない以上、自分が相続人で、遺産分けをしないなら裁判だと、息巻くのです。

どうすればいいですか。

★

●遺産分割は胎児が生まれてからでいい

胎児は、相続については生まれたものとみなします（民法886条1項）。もちろん死産の場合もあるので、実際に遺産をもらえるのは生まれた時からです（出生を停止条件として、相続開始の時点に遡って相続権を得るというのが通説・判例の考え方）。もっとも、胎児がいる以上、義兄の請求には根拠がなく、出産後に遺産分けをしたいというあなたの言い分は間違っていません。

義兄から、しつこく遺産分割を求められた場合には、あなたが申立人、義兄を相手方として、**遺産に関する紛争調整調停**を申し立てたらいいでしょう。調停委員は義兄を説得してくれるはずです。なお、胎児がいることを知らずに義兄と遺産分割をした場合、それ自体は無効にはなりませんが、その胎児は出生後、あなたと義兄に対し、自分の相続分を請求することができます（910条参考）。

POINT

胎児は生まれたものとみなします。相続人になる胎児がいる場合、遺産分割はその出産まで待つ方が、後々のトラブルを防げます。

ケース⑧

周りから不利な遺産分割を押し付けられそうだが・・・

母はシングルマザーで、僕は母の名字を名乗っています。母の死後、父とは一度も会ってませんが、認知してもらい、ずっと生活費や学費も出してもらったので、大学にも行けましたし、経済的に困ったことはありません。その父が亡くなり、遺産分けの話で、僕以外の相続人である奥さんと3人の子と会いました。

彼らが受け取る遺産と比べれば微々たる額ですが、父は遺言で僕にも2000万円ほど遺産を残したそうです。しかし、父の長男からは「愛人の子にやる遺産などない。相続放棄してもらう」と、放棄を強要されました。同席した父の親族にも「愛人の子のくせに遺産もらおうなんて厚かましい」「よく顔を出せたものだ」と罵られたり、中には「金目当ての泥棒猫の子か」と、母を侮辱するような声もあったのです。

元々遺産など、どうでも良かったのですが、僕ばかりか母まで侮辱されては黙っていられません。父の遺言通り遺産をもらおうと思います。

ただ、相手が話合いに応じるとは思えません。裁判を起こすしかないですか。

●他の相続人全員を相手方として遺産分割調停を申し立てる★

裁判ではなく、まず他の相続人全員を相手方として、遺産分割調停を申し立てればいいでしょう。手続きは簡単で、相手方の1人、たとえば長男の住所を管轄する家庭裁判所に調停申立書など必要な書式と書類を出すだけです。裁判と違い、あなた1人で申立てから調停の結論（終局処分）が出るまでできますし、調停手数料1200円と連絡用の郵便切手代以外に費用はかかりません（2章11項**サンプル2**など参照）。

なお、具体的な「申立ての趣旨」は、遺言で指定された「2000万円」ではなく、「申立人は、被相続人の**遺産に対して法定相続分8分の1の相続権があるとの調停を求める**」とした方が効果的だと思います。事情説明書などに、相続放棄を強要された事実も書いておくといいでしょう。調停委員を味方に付けることができるはずです。

POINT

他の相続人から、相続放棄など不利な遺産分割を押し付けられそうな時は、すぐに遺産分割調停を申し立てることです。遠慮はいりません。

ケース⑨

亡父の通帳と印鑑を保管する長女が話合いに応じないが・・・

独り暮らしの父が亡くなりました。相続人は、長女と二女、そして三女の私です。父は借家住まいで、遺産といっても預金以外にはありませんが、父の預金通帳と印鑑は、葬儀で喪主を務めた長女が保管しています。

その長女は、私と二女が父の預金がいくらあるか聞いても、「葬儀代を払ったから、ほとんど残ってないわ」と言うばかりで、正確な金額を教えてくれませんし、通帳も見せてくれないのです。でも父は、亡くなる少し前に、「お前たちには、マンションの頭金になるくらいの預金は、それぞれ残してあるから」と言ってました。

その後、長女に遺産分割協議をしようと言っても応じてくれません。どこにいくら預金があるかわかりませんが、私たちも遺産をもらうには、どうしたらいいですか。

★

●長女を相手方とする遺産分割調停を申し立てる

あなたは、長女と二女を相手方とする**遺産分割調停を申し立てる**といいでしょう。

あなたと二女が共同で申立人となることもできますが、一般的には前者が普通です。調停手続きでは通常、家庭裁判所が遺産の調査をすることはありません。ただし、遺産の範囲確定のため、調停委員は長女に対して、被相続人の預貯金を開示し、通帳などを証拠として提出するよう説得します。長女は、あなたに話したような言い訳をするかもしれませんが、調停委員から調停不成立なら自動的に審判手続きに移行し、家庭裁判所が職権で預貯金の調査をすると聞けば、渋々でも通帳類を出してくるはずです。なお、調停委員は3人に、**法定相続分による分割を助言する**と思います。

一方、調停委員はあなたにも、考え付く限りの金融機関に父親の預金口座がないか問い合わせるように要請するはずです。金融機関は遺産相続に基づく口座の確認依頼には、その有無をキチンと回答しますし、預金者の死亡がわかれば遺産分割協議などが済むまで原則預金引出しに応じません。長女が勝手に下ろすのを防げるのです。

POINT

預金通帳を見せない相続人がいる場合、話合いを続けるよりも遺産分割調停を申し立てる方がいいでしょう。金融機関にも連絡することです。

ケース⑩

認知されてない実子は遺産をもらえないか・・・

父が亡くなりましたが、私も母も葬儀には出られませんでした。父の戸籍上の妻子から、遠慮してほしいと言われたからです。私は、母がその上司だった父と不倫して生まれた子で、認知してもらっていません。そのため、遺産ももらえませんでした。父の遺産は、奥さんと3人の子で遺産分割協議をして分けたそうです。同じ実子なのに、妻の子は多額の遺産がもらえ、婚外の子は0円なんて不公平だと思います。母は諦めなさいと言いますが、納得できません。

遺産をもらえる方法はありませんか。

★

●父親の死後3年以内なら検察官相手に認知の訴を起こせばいい

残念ながら、今のままでは、あなたは父親の遺産をもらうことはできません。生物学的には親子でも、法律上は認知されない限り実子としては扱われないのです。

では、遺産を諦めるしかないのでしょうか。

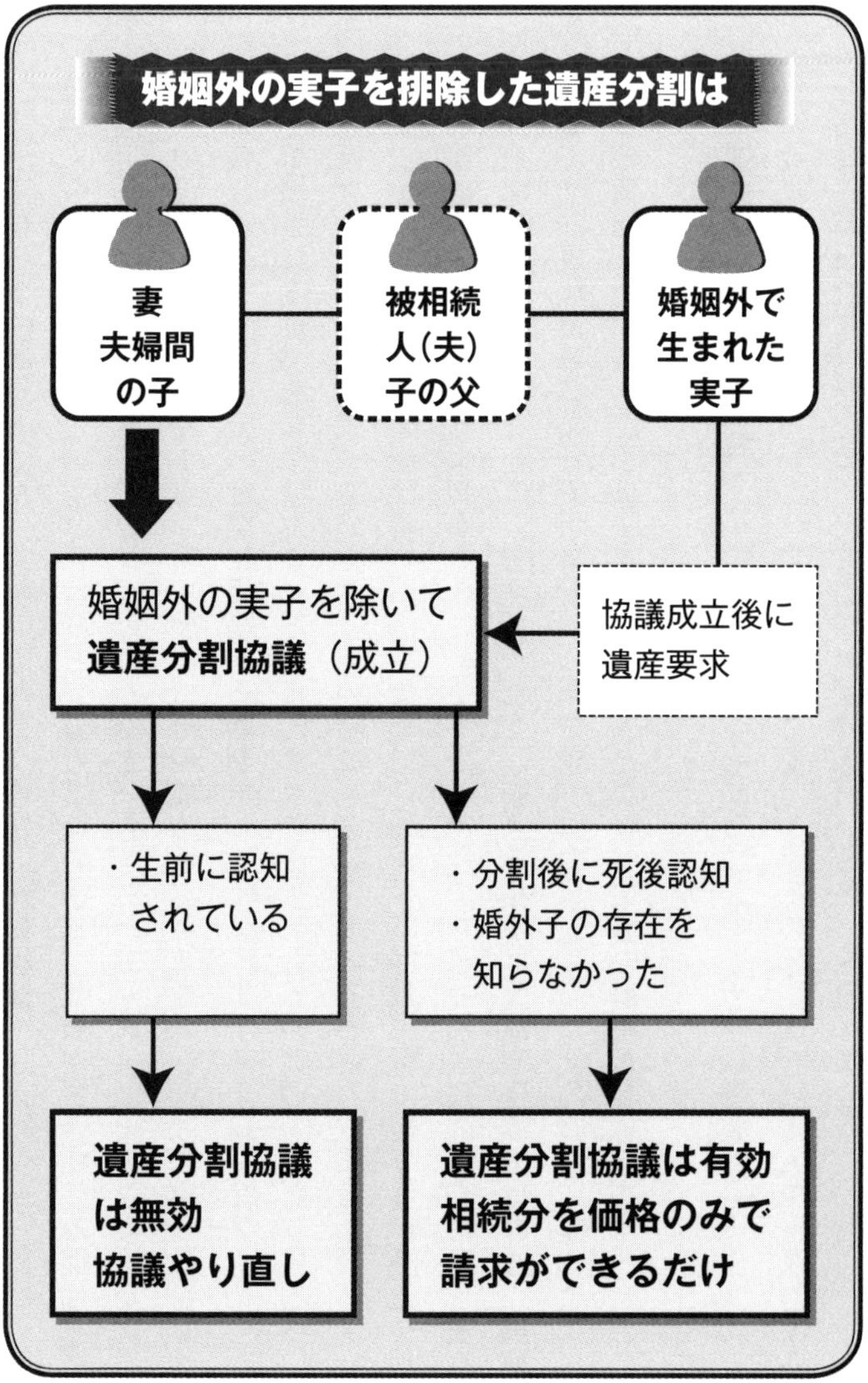
婚姻外の実子を排除した遺産分割は
妻
夫婦間
の子
被相続
人（夫）
子の父
婚姻外で
生まれた
実子
婚姻外の実子を除いて
遺産分割協議（成立）
協議成立後に
遺産要求
・生前に認知
されている
・分割後に死後認知
・婚外子の存在を
知らなかった
遺産分割協議
は無効
協議やり直し
遺産分割協議は有効
相続分を価格のみで
請求ができるだけ

そんなことはありません。父親の子だと、認知（**死後認知**）さえしてもらえば遺産はもらえます。あなたのように認知してもらえない子は、父親が生きている間は家庭裁判所に**認知調停**を申し立てればいいのです。あなたが申立人（未成年なら法定代理人の母親）で父親が相手方です。調停でその父の子だと合意できれば、家庭裁判所は必要な調査をした上で、**合意に相当する審判**をします（家事事件手続法277条）。

認知されると、あなたは生まれたときに遡って法律上もその父の子となり、当然に遺産をもらう権利も生じるのです。その相続割合は、妻の子と変わりません。

しかし、あなたの父親はすでに亡くなっています。家庭裁判所で当事者が話し合う調停は、相手方となる父親がいないのですから利用できません。この場合には、家庭裁判所に**認知の訴え**を起こします。ただし、**訴える相手は父親や遺族ではなく、検察官**です（民法787条。人事訴訟法12条3項）。父親の死後3年が経過するまでなら、この裁判で認知された子は法律上の相続人となり、父親の遺産がもらえます。

●遺産分割調停が終わっていると相続分を金銭で請求するしかない

遺産分割協議は、相続人全員の合意が必要です。その分割内容に1人でも反対する相続人がいたり、話合いに出てこない相続人がいると、協議はまとまりません。その場合には、遺産分割調停を申し立てて解決を図ります。

あなたのように認知されていない子は相続人になれませんから、他の相続人はあなた抜きで遺産分割協議ができます。ところが、あなたが死後認知されるとあなたも共同相続人の1人となり、このケースでは父親の遺産の8分の1について法定相続分があることになります。あなたは他の相続人に、自分の相続分を要求できるわけです。

ただし、要求できるのは金銭的な支払いのみで、遺産分割をやり直せという要求はできません（193頁図解参照。民法910条）。あなたがもし、生前あるいは遺言で認知を受けていた場合には、当初の遺産分割は無効で、やり直しを要求できます。

なお、他の相続人が、あなたの相続分を払ってくれない場合、どのような手段をとればよいのかが問題になりますが、判例は価額請求をする訴訟事項とみているようです（「判例先例相続法Ⅱ」509ページ・日本加除出版）。

POINT

父親の死後3年以内なら、検察官相手に認知の訴が起こせます。認知を勝ち取ると、相続分を金銭で払うよう他の相続人に請求が可能です。

ケース⑪ 跡取りの長男が家屋敷など親の遺産すべてを取ると言うが・・・

私の実家は地方の旧家で、家屋敷の他、田畑や山林などかなりの資産があります。実家には跡取りの長男夫婦が両親と同居し、その維持に頑張っていますが、先日当主の父が亡くなりました。その葬儀の後、久しぶりに顔を合わせた兄弟4人と母親とで遺産分けの話になったのです。

兄は、法定相続分通りに遺産を分けると、急激に実家の資産が減り、旧家としての体面が保てなくなるとして、私たち3人に相続放棄を求めてきました。母も兄の肩をもちます。でも、兄が遺産を独り占めして、私たち他の子は遺産なしだなんて、納得できません。調停を申し立てようと思いますが、遺産はもらえますよね。

★

●長男を相手方とする遺産分割調停を申し立てるといい

農家や個人事業主の遺産相続では、事業の後継者が他の相続人に相続放棄を求めてトラブルになることはよくあります。法律上、**子の相続分は均等**（民法900条4

項）で、後継者だからといって他の子より多くなることはありません。あなたは相続放棄の必要はありませんし、自分の法定相続分（遺産の8分の1）を要求できます。

調停委員が相続放棄を助言することはまず考えられません。遺言がなければ、原則として法定相続分による分割を提案してくるはずです。ただし、田畑や山林の評価額は住宅地と比べ、かなり低額ですし、また現物分割は農地法などの規制もあります。後継者の寄与分や他の相続人が受け取った特別受益も考慮すると、調停委員から提案される分割案では、他の相続人の遺産の取り分は思ったほど多くないでしょう。

後継者が遺産分割を拒むのは資産の急激な流出を避けたいからです。相続放棄はしないが、代わりに相続額の分割払いも認めると、調停委員を通じ長男に提案してみたらどうでしょう。調停は話合いの場ですから、すべて調停委員任せにするのではなく、相手方が受け入れやすい提案を積極的にするのも調停成立のコツです。

POINT

後継者でも法定相続分は変わりませんが、遺産分けで急激な資産流出がある場合、他の相続人は相続額の分割払いを受け入れるといいでしょう。

ケース⑫
亡父の財産は大半が知らぬ間に後妻名義になっていた・・・

父が亡くなったとの連絡を受け、私は赴任先のアメリカから急いで帰国しました。父は小さな商事会社を経営していましたが、数年前から認知症になり、最近1年は、自分の名前すら思い出せない病状だったようです。私は母の死後、すぐに愛人と再婚した父を嫌い、学生時代からずっと没交渉でしたので、病気のことも初耳でした。

葬儀を済ませた私はアメリカに戻る前に遺産分けも済ましてしまおうと、父の後妻を訪ねたのです。父の相続人は私と彼女の2人だけなので、遺産は折半という提案に彼女も異論はないようでした。ところが、遺産は預金がわずか300万円足らずで、本来父の遺産であるべき自宅や会社の土地建物、会社の全株式などの財産の大半が、半年ほど前に後妻名義に変わっていたのです。

彼女は共同経営者として、父から正式に譲り受けたというのですが、彼女が対価として払い、父が受け取ったはずの現金はどこにも残っていません。父が認知症であることを幸い、実印を持ち出し、勝手に名義変更したのに決まっています。

来月には海外勤務が終わるので、帰国したら正式に彼女に遺産分割を申し入れようと思いますが、相手が話合いに応じない場合、どうすればいいでしょう。

★

話合いがダメなら遺産に関する紛争調整調停を申し立てる

あなたは後妻を相手方として、彼女名義の不動産や会社の株式が、被相続人の遺産（個人資産）であることの確認を求める**遺産に関する紛争調整調停**を申し立てればいいでしょう（具体的な申立書などの書き方は2章97頁・**サンプル1**参照）。

調停では、父親は財産の名義変更時、認知症が相当進んでいて、法律行為について正常な判断ができなくなっていたと想像（**推認**）できること、父親と没交渉になった事情などを調停委員に主張してください。ただし、後妻が父の印鑑を持ち出し勝手に名義変更したなど証拠のない憶測は、心証を悪くしますので絶対に止めましょう。

調停委員は相手方に対し、名義変更に至る経緯を詳しく尋ね、譲渡契約書など証拠書類の提出を要請するはずですし、名義変更当時の被相続人の認知症の有無や状態も尋ねるはずです。不正な手段で夫の財産を取得したのであれば、後妻は証拠の提出に応じられません。当然、調停委員の後妻に対する心証は悪くなり、調停は誹謗中傷を控えたあなたに有利に進むはずです。

なお、調停では通常、家庭裁判所が職権で事実の調査や証拠調べをすることはないので、申立人は自分の主張の正しさを立証できる証拠を集めておく必要があります。たとえば、名義変更の時期は法務局（登記所）などで簡単に調べられます。問題は、その時点での父親の判断能力でしょう。その病状は医師の診断書やカルテでしか判断できませんが、裁判所からの命令でない限り、中立人が頼んでも患者のプライバシーなどを理由に、医師がカルテのコピーを出し渋ったり、病状の詳細な説明を拒否することもあるようです。この場合は、父親の周囲にいた人から病状などを聞き取りし、そのメモを調停委員に提出すればいいでしょう。

ただし、調停はあくまで話合いで、調停委員は強制力のある結論を出せるわけではありません。また、このケースは、相手方に弁護士など専門家が付いている可能性も高いので、あなたも最初から弁護士に相談し、すべてを任せた方がいいと思います。

POINT

名義変更により遺産の取り分が激減したのですから、調停を申し立てるのは当然です。正式裁判も視野に入れ、弁護士を頼むといいでしょう。

ケース⑬

生前贈与をもらった姉2人が父の遺産は3分割だと・・・

亡父の遺産は実家の土地建物（評価額1500万円）と預金200万円で、相続人は私と姉2人です。姉たちは実家も売却し、遺産を3等分しようといいますが、夫婦でレストランを経営する長女は、父から開業資金1000万円もらっています。二女も披露宴の費用として300万円もらったはずです。私は高校までの学費以外、父の援助を受けたことがありません。遺産の取り分が2人と同じなんて不公平です。

遺産分割協議書には、まだハンを押してはいませんが、このまま話合いを続けると、2対1で押し切られるような気がします。何か、いい手はありませんか。

★

●姉2人に特別受益を遺産に含めるよう遺産分割調停で主張すればいい

遺産分割調停を起こし、姉2人が父親からもらった生前贈与は特別受益として遺産に含めるべきだと主張したらいいでしょう。あなたの主張通りに調停が成立すると、**みなし相続財産**は3000万円（＝1700万円＋1000万円＋300万円）で、

生前贈与がある場合の遺産の分け方

【遺産】総額1700万円　【相続人】子３人

【生前贈与】姉２人が受け取っている

相続開始時の遺産1700万円

長女への生前贈与
・長女とその夫の会社に出資金1000万円

特別受益（遺産に加算する）

二女への生前贈与
・披露宴費用300万円

特別受益にはならない

三女　生前贈与なし

みなし相続財産（開始時の遺産＋特別受益）
1700万円＋1000万円＝2700万円

【相続額…均等】2700万円÷3＝900万円
長女＝０円（＝900万円－1000万円）
二女＆三女＝850万円＝1700万円÷2

1人当たりの相続額は、計算上1000万円です。なお、実際の取り分は、長女0円、二女700万円、あなたが1000万円となります。もっとも、現実の調停では、他の2人はこの案に反対するはずですし、調停委員も同じ判断をするでしょう。

民法上、**特別受益**となる生前贈与は、**結婚や養子縁組のための贈与と生計の資本としての贈与**です（903条1項。詳しくは1章12項参照）。ここでは、詳しい説明を省きますが、開業資金は特別受益ですが、結婚式の費用は通常特別受益になりません。調停委員も、長女のみ特別受益と判断し、右頁図解のような分割案を提案してくると思います。

この場合、計算上の相続額は1人900万円で、長女は100万円多く受け取っていることになります。しかし、この超過分を他の2人に返す必要はありません。この案で合意すると、二女と三女は850万円ずつ遺産をもらえます（右頁図解参照）。

POINT

特定の相続人だけがもらった生前贈与は公平の観点から特別受益として遺産に含めるのが普通ですが、贈与のすべてが特別受益になるわけではありません。

ケース⑭

家業を手伝ったのに他の兄弟と遺産の取り分が同じとは・・・

3人兄弟の末っ子ですが、兄たちが外に出たため、ずっと実家の中華料理店を母とともに手伝ってきました。その父が亡くなり、遺産分けをすることになりましたが、店は借家ですし、遺産は店の営業権（のれん）の他には父名義の預金600万円だけです。営業権は母が相続し、預金は兄弟3人で分けることで一応合意したのですが…。兄たちは預金を3等分し、1人200万円ずつ分けようと言います。でも、ほぼ無報酬で働いてきた僕としては、半分の300万円はほしいところです。

兄たちがOKしない場合、僕は遺産を多くもらうのを諦めるしかないですか。

★

●寄与分を定める処分調停を申し立てるか遺産分割調停で寄与分を主張する

他の相続人全員を相手方として、**寄与分を定める処分調停**を申し立てる方法があります。**遺産分割調停**も申し立てている場合には、二つの調停を併せて進めます。調停不成立の場合、自動的に審判に移行するのは、寄与分を定める処分調停も同じです。

寄与分が認められると、各自の相続分は、相続開始時の遺産から寄与分を差し引いた**みなし相続財産**を使って算出します。あなたの取り分は寄与分と相続分の合計です。なお、寄与分の制度については、1章10項に詳しく説明してあります。

このケースは、民法904条の2が例示する典型的な寄与行為です。あなたは長年継続的に家業に従事（専従）していますし、しかもほぼ無報酬です。あなたは父親の財産の維持または増加に十分貢献（**特別の寄与**という）してきたと言えます。

調停委員はあなたに寄与分があると判断するでしょう。その上で、あなたの寄与分を認めるように、相手方の兄2人を説得してくれると思います。

ところで、寄与分を定める処分調停だけで解決を図ってもかまいませんが、調停が不成立となり審判手続きに移行した場合には、遺産分割審判を申し立てないと不適法として却下されるので、注意してください。

POINT

調停で他の相続人全員に寄与分を認めさせることです。この場合には、寄与分を定める処分調停を申し立てます。

ケース⑮ 退職して父の介護をしたから遺産を多くもらいたいが・・・

父が倒れ、母1人では面倒みきれないというので、姉弟の中で唯一独身だった私が会社を辞めて、母と2人で父の介護をすることになりました。介護保険のサービスは利用していますが、要介護4の認定を受けた父の介護は容易ではありません。その父が亡くなり、母は老人ホームに入所するので遺産分けをすることにしました。

自宅を売却し、預貯金と株式合わせると、遺産は総額6000万円です。母が2分の1の3000万円をもらい、残りを私と姉、弟の3人で分けることで、一応合意はしました。しかし、残りの3000万円を、姉と弟は3等分しようというので、私は怒ってしまったのです。2人に頼まれ、私はやむなく仕事を辞めて、父の介護に専念したのに、そのことはすっかり忘れ、子どもの取り分は均等だと言い張ります。

こういう場合、相続分の他に遺産を多くもらえる寄与分という制度があると聞いていますが、姉や弟が了承しないときは、どうすればいいですか。

★

●介護に専念するため仕事を辞めた事実は調停を有利に進められる

前項と同じように、他の相続人全員を相手方として**寄与分を定める処分調停**を申し立てればいいでしょう。**遺産分割調停**も申し立てられている場合には、その家庭裁判所で2つの調停を併せて処理します。

民法904条の2には、寄与分を認める相続人の態様（**寄与行為**）として、被相続人の療養看護をすることが例示されていますが、前項の家業に従事する場合と比べ、その要件はより厳しいと考えてください。たとえば、入院中の被相続人の看護などは**特別の寄与**にはなりません（詳しくは1章10項参照）。

もっとも、この父親は要介護認定4で、常時介護が必要です。しかも、仕事を辞め、自宅で介護に専従していますから、調停委員は寄与分があると判断をするでしょう。あなたの寄与分を認めるよう、姉と弟を説得してくれるはずです。

POINT

被相続人の療養看護は、家業に従事する場合と比べ、特別の寄与と判断する要件は厳しいと考えてください。要介護認定の介護度も関係します。

ケース⑯ 遺産の大半は会社名義で相続分はないというが・・・

小さな部品工場を営んでいた父が急逝しました。私始め6人の子は誰も父の仕事を継がず、工場は長女の婿が引き継いでいます。5年前、個人会社から株式会社に組織替えをし、父が会長、婿が社長、長女が専務に就任しました。その際、会社の全株式は役員3人で持つ代わりに、長女以外の5人は父から1人1000万円の生前贈与をもらっています。今後、会社のことに一切口を出さないという条件付きです。

とはいえ、自宅や工場、別荘など父名義の不動産、金融資産など相当の遺産があるはずなので、長女以外の相続人5人は少なくとも1人1000万円以上はもらえると期待していました。ところが、葬儀の後、長女に確かめると、父は財産のほとんどを会社名義にしていて、私たちは1人100万円程度しか遺産をもらえないそうです。

遺言がないのをいいことに、長女が婿と結託し、遺産を独り占めした気がします。知り合いが、調停にすれば法定相続分はもらえると言うのですが、本当ですか。★

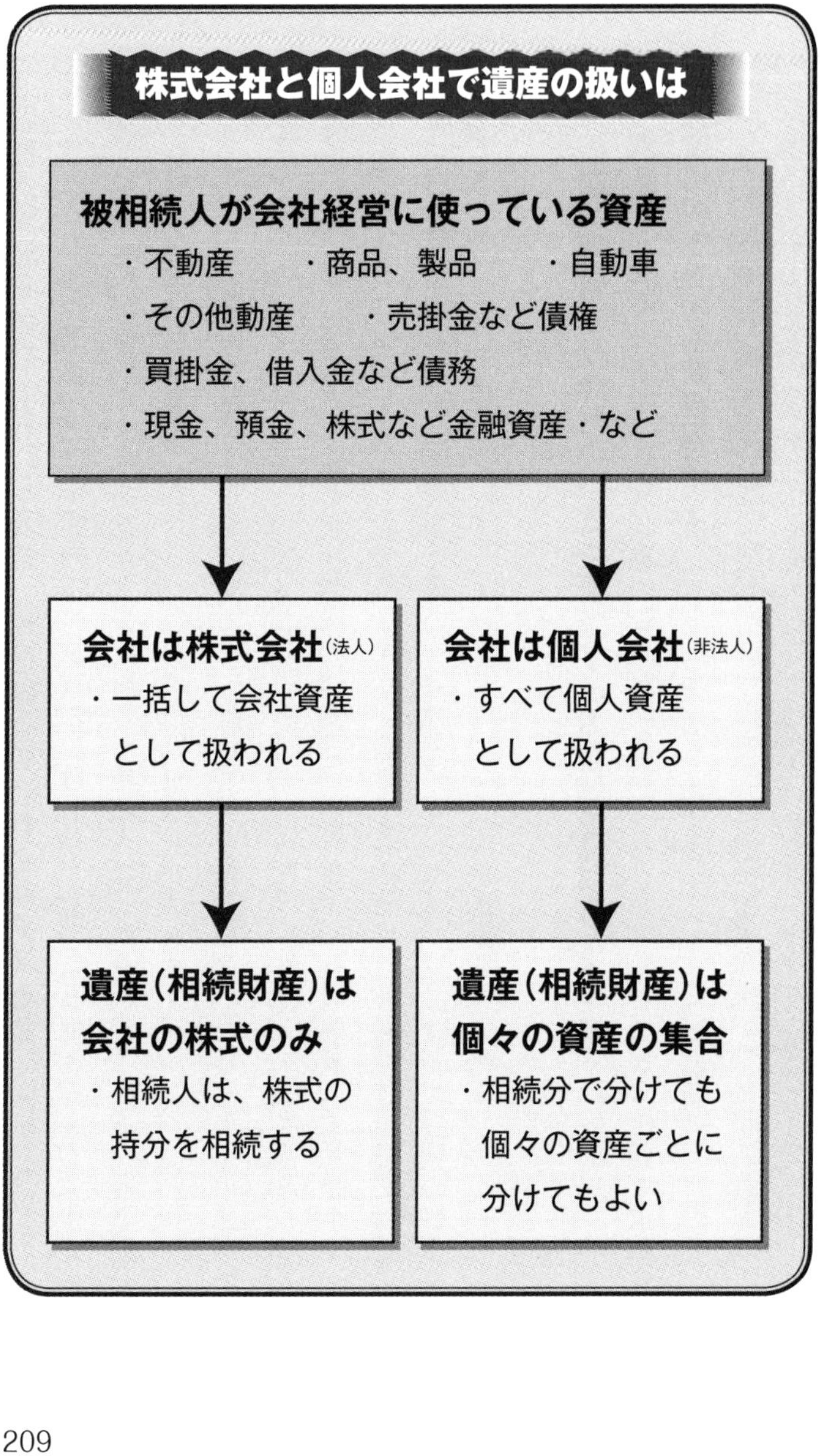
株式会社と個人会社で遺産の扱いは
被相続人が会社経営に使っている資産
・不動産　・商品、製品　・自動車
・その他動産　・売掛金など債権
・買掛金、借入金など債務
・現金、預金、株式など金融資産・など
会社は株式会社（法人）
・一括して会社資産として扱われる
会社は個人会社（非法人）
・すべて個人資産として扱われる
遺産（相続財産）は会社の株式のみ
・相続人は、株式の持分を相続する
遺産（相続財産）は個々の資産の集合
・相続分で分けても個々の資産ごとに分けてもよい

●個人資産を会社名義にしたら、遺産はその会社の株式である

考え方自体は間違ってはいません。遺言がなければ、遺産は共同相続人が法定相続分で分けるのが原則です。あなたと長女を含め相続人は子が6人、1人当たり遺産の6分の1を受け取れます。ただし、長女の婿は相続人ではありません。

あなたが**遺産分割調停**を申し立てると、調停委員も長女を含めた6人の兄弟姉妹で遺産を6分の1ずつ分ける分割案を提案してくるはずです。なお、分割対象の父親の遺産には、個人名義の遺産と会社名義の遺産とがあります。個人名義の遺産は個々の資産をそれぞれ相続することもできますが、会社名義の資産は相続ができるのはその会社の株式のみです。個人資産と違い、会社のビル、機材、商品など、会社の資産をバラバラにして受け取れるわけではありません（前頁図解参照）。

●多額の現金より会社の株式を要求する方が調停はまとまりやすい

遺産分割調停の他に、会社名義の資産が父親の個人資産であることの確認を求める**遺産に関する紛争調整調停**を申し立てる方法もあります（ケース12参照）。ただし、申し立てる前に、まず法務局（登記所）や都道府県の税務事務所で、父親名義だった不動産の所有権移転時期などを調べることです。亡くなる直前の名義変更だったり、

その時点で父親が認知症だった事実があれば、この調停を申し立ててください。

もっとも、あなたの父親は、相続により資産を散逸させないために、自分の意思で会社名義にしたようです。会社の株式もおそらく、その大半は生前贈与で長女とその婿に渡しているでしょう。株式会社にした際、他の5人に1000万円ずつ生前贈与したのは、遺留分侵害が起きないように先に手当をしていたとも考えられます。

このケースでは遺産分割調停を申し立てても、調停委員の分割案が、あなたの満足する多額の相続額になるという保証はありません。そこで、目先の額にとらわれず、会社の株式を分けるよう要求するのはどうでしょうか。長女や婿にとっては、5人に渡す予定の計500万円を運転資金に回せます。あなた方にとっても、100万円は使ってしまえば終わりですが、株式は会社が利益を出せば配当を受け取れるのです。これなら、調停委員も長女を説得してくれるのではないでしょうか。

POINT

個人資産の大半を会社名義にし、株式も譲渡されてしまうと、相続人が多額の遺産を受け取ることは容易ではないようです。

ケース⑰ 亡夫は遺言で自宅を愛人に遺贈すると・・・

夫の浮気が原因で、私は3年前に家を出て別居しました。夫はその後、愛人を家に引き入れ同棲していましたが、半年前急死したんです。夫と愛人の間には子はいないので、葬儀の後、愛人を家から追い出しました。相続人は私だけです。ところが、夫は彼女に「愛人に自宅を遺贈する」という趣旨の自筆証書遺言を渡しており、彼女は家庭裁判所に検認手続きを申し立てました。遺言書は確かに夫が書いたもので、そのまま検認されたのです。遺産の大半は自宅土地建物（評価額2000万円）ですから、このままでは私の手元には夫名義の200万円足らずの預金しか残りません。

こんな遺言内容を認めるわけにはいかないので愛人に話合いを申し入れましたが、愛人は私に何の相談もなく、遺贈を原因とする所有権移転登記をして、自宅を自分のものにしてしまいました。私は、泣き寝入りするしかないですか。

★

●妻には遺留分があるので遺産の2分の1に相当する金銭は取り戻せる

兄弟姉妹以外の法定相続人は、被相続人の遺産（相続財産）の一定割合を必ずもらえることが法律で保証されています。**遺留分**といい、妻は遺産の2分の1です（民法1042条。詳しくは1章11項参照）。遺産は2200万円（＝自宅2000万円＋預金200万円）、あなたの遺留分は1100万円（2200万円×2分の1）、愛人が遺留分を侵害しているのは間違いありません。あなたは愛人に、預金200万円を差し引いた遺留分侵害額900万円を支払うよう要求できます（**遺留分侵害額請求**という）。ただし、金銭による請求だけで物件（自宅）を取り戻すことはできません。

話合いがまとまらなければ、**遺留分侵害額の請求調停**を申し立ててください。調停委員は、あなたの主張が正当と判断して、愛人に対し侵害した遺留分相当の金銭を支払うよう説得してくれるはずです（令和元年7月1日より前に夫が亡くなった場合には、**遺留分減殺による物件返還請求調停**を申し立てます）。

POINT

遺留分侵害額請求権は、遺留分侵害の遺贈があったことを知った時から1年間、相続開始から10年間行使しないと時効です。

ケース⑱ 相続放棄したのに兄が遺産分割後に出てきた借金を払えと・・・

父が亡くなって半年、遺産分けも済んだのに、今になって父に多額の借金があったとわかりました。父の遺産は自宅（評価額800万円）と預貯金500万円で、父と同居していた兄が全額相続しています。私と妹も相続人でしたが、兄から遺産放棄を迫られ、「相続分皆無証明書」を書かされました。兄は相続手続きを終えています。ところが、父に2000万円近い借金があったとわかると、兄は、「遺産分割協議をやり直す。お前たちにも借金を負担してもらう」と言い出したのです。

私と妹は相続放棄をしているので関係ないと思うのですが、兄は話合いに応じないと、家庭裁判所に遺産分割調停を起こすと言います。調停は私たちの負けですか。

★

●相続放棄をすれば遺産分割調停の当事者から排除される

結論から言うと、あなたと妹さんは亡父の借金を払う義務はありません。お兄さんから借金の一部負担や遺産分割協議のやり直しを求められても、キッパリ拒否すればいいのです。借金の返済は、遺産を相続したお兄さん1人がすることになります。

遺産分割調停を起こすと言っているようですが、ブラフに過ぎません。たとえ申し立てても、実際に調停が開かれることは、まずないでしょう。なぜなら、家庭裁判所は当事者の絞り込みをするからです。あなたと妹さんが相続放棄をしたとわかれば、当事者から排除する決定をします。調停の相手方が誰もいないのですから、そもそも調停をしないものとして事件を終了させるはずです（家事事件手続法271条）。

家庭裁判所から調停申立書などの書類と調停期日の通知書（呼出状）が届いたら、同封されている答弁書や事情説明書に「被相続人の遺産について相続放棄したこと」「相続人全員で遺産分割協議を行い、合意したこと」などを記載して送り返せばいいでしょう。お兄さんは、2人から受け取った**相続分皆無証明書**で相続手続き（自宅の所有権移転登記、預貯金の解約など）をしていますから、放棄の証明は可能です。

POINT

遺産分割調停では、家庭裁判所は当事者を絞り込みます。たとえば遺産放棄をした相続人は参加資格がないと、当事者から排除されるのです。

ケース⑲

遺産分割後に新たに遺産が見つかった場合は・・・

母が亡くなって10年、父は敬老会で知り合った女性と意気投合して再婚しました。私と弟は独立していますし、その女性が父の面倒を見てくれるのなら、私たちは父の世話を事実上免れるのですから、反対する理由がありません。それに、年金暮らしで市営住宅に住む父には資産もありませんから、遺産相続で揉める心配もないのです。父の2度目の結婚生活は6年続き、昨年の暮れ、相手の女性に看取られて逝きました。遺産は中古の自動車1台と銀行預金150万円だけです。

私と弟は感謝の意味も込めて、相続を放棄し、父の遺産はすべて相手の女性に渡しました。ところが、話合いの済んだ後で、彼女は押入れの奥にあった父のバックから2000万円を超す現金と債権を見つけたのです。父のタンス預金でした。

女性は、私と弟は相続放棄したから権利がないと言いますが、そんな大金があれば放棄などしません。遺産分割のやり直しはできますか。

★

遺産分割のやり直しは相続人全員の合意があればできる

遺産分割協議の終了後に新たに遺産が見つかった場合、**相続人全員が合意すれば、協議を無効にして、やり直すことはできます**。しかし、見つかった遺産が隠匿されたものだったり、遺産全体に占める割合が大きく変わるような場合を除けば、成立した協議は有効とし、**新たな遺産についてのみ分割の話合いをするのが原則**です。

ところで、前項の考え方から言えば、あなたと弟さんは新たな遺産についても権利を放棄していることになります。もっとも、このケースのように高額の遺産があると分かっていれば相続放棄しなかっただろうという場合、**錯誤による無効**を主張できるのではないでしょうか（民法95条）。

相手が話合いに応じなければ、遺産分割調停を申し立てるといいと思います。調停委員が、あなた方の言い分を適切と判断してくれる可能性もあるでしょう。

POINT

遺産分割協議の成立後に、新たな遺産が見つかった場合でも、その協議自体は有効で、新たな遺産のみの分割で済ますのが原則です。

ケース⑳

遺産の半分をくれるというので義父の世話をしたが・・・

私たち夫婦は、夫の実家で高齢の義父の面倒を見ていました。子どもはいません。その夫が急死したのです。夫には妹がいますが、結婚して遠方にいるので義父の面倒を見ることはできません。葬儀の席で義父と義妹から、このまま義父と同居し面倒を見てもらえないかと頼まれました。代わりに義父は夫の遺産を放棄し、義父の死後、夫がもらうはずの義父の遺産の取り分を私にくれると言います。住んでいる家は私のものになりますし義妹も同意したので、これまで通り義父の世話をすることにしたんです。口約束ですが、その場には義父の兄弟や甥姪など親族が多数いました。

しかし、実際に義父が亡くなると、義妹から、「父の遺産はただ1人の相続人の私のもの。この家は売るので出て行け」と言われました。遺言がないから約束は無効だと言うのです。義父との話を聞いていた何人かの親族が、義父が私に半分遺産をくれると言ったと証言してくれるそうですが、私は約束通り家をもらえますか。

★

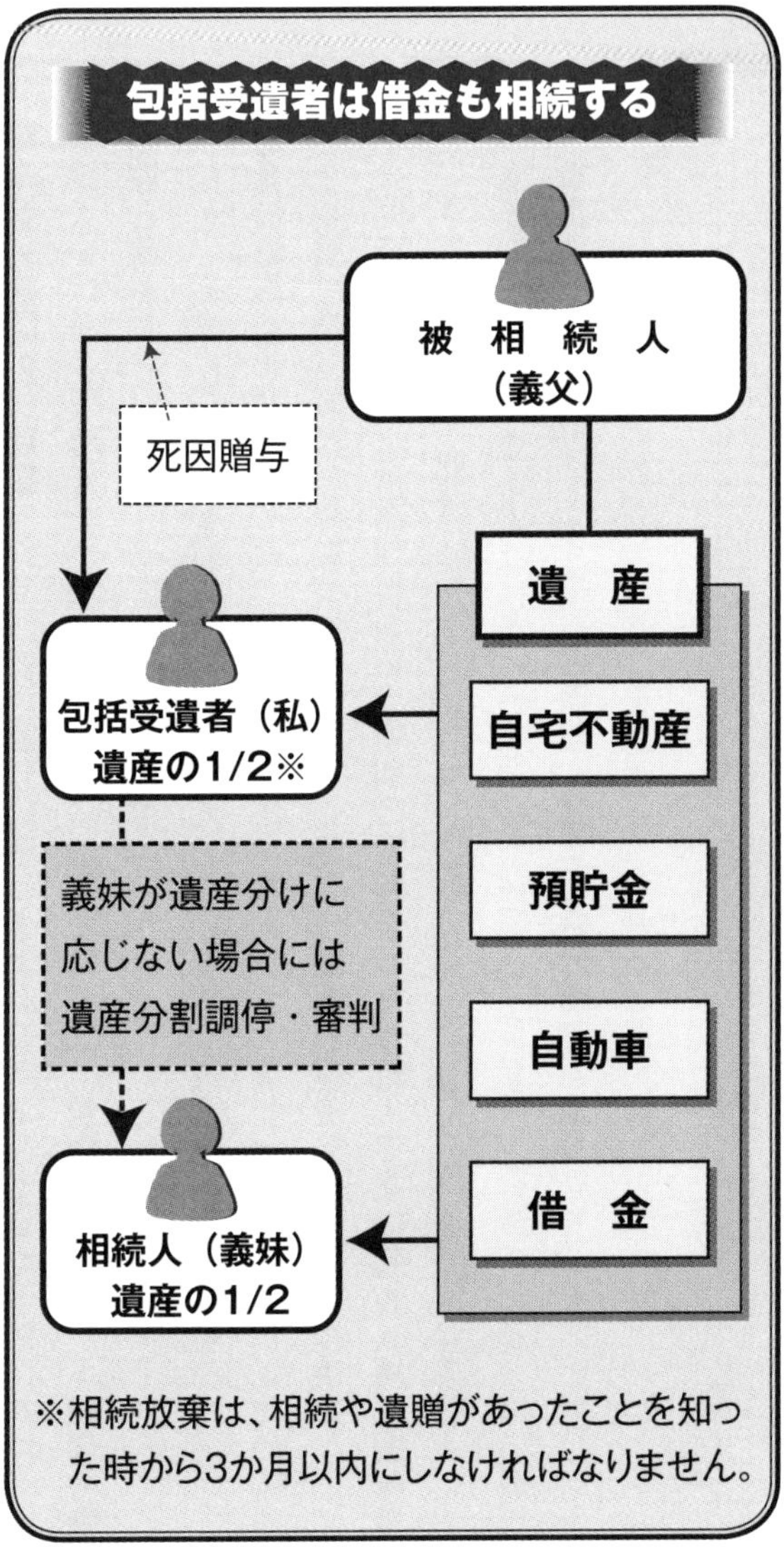

●死因贈与契約があったとして遺産分割調停を申し立てることができる

同じような話はよく聞きます。この義妹も口約束を幸い、父親の遺産を独り占めにするつもりでしょう。義父の親族が証言してくれると言うのですから、あなたは**死因**

贈与契約確認の供述書を作り、死因贈与に基づき遺産を請求してください。あなたは相続人ではありませんが、義妹が話合いに応じなければ、**包括受遺者**として**遺産分割調停**を家庭裁判所に申し立てればいいのです。

なお、従来は相続人がいる場合、相続人でない親族は遺言や死因贈与契約がないと遺産はもらえませんでした。しかし、民法が改正され、令和元年7月1日以降に開始した相続では、あなたのように無償で被相続人に**療養看護その他労務の提供**をして、その財産の維持または増加について**特別の寄与をした相続人でない親族**（**特別寄与者**という）は、相続開始後に相続人に対し、特別寄与に応じた金銭（**特別寄与料**という）の支払いを請求できるようになったのです（法1050条）。義妹が支払いに応じない場合は、この規定により**特別の寄与に関する処分調停**を申し立ててもいいでしょう。

いずれにしろ、調停委員は義妹を説得してくれると思います。

POINT

遺言書がなくても、被相続人との死因贈与契約を確認する証言者の供述書があれば、包括受遺者として遺産分割調停の申立てができます。

ケース㉑ 亡夫と住んでいた家に住み続けたいが・・・

私たち夫婦には3人の子がいますが、すでに独立し、それぞれ違う土地で暮らしています。長男は自分のところに来て一緒に暮らさないかと言いますが、夫も私も結婚直後に購入した夫名義の家が気に入っていて、増改築を繰り返しながら住み続けていました。その夫が先月亡くなりましたが、私はこれからも住み続けるつもりです。

ところが葬儀の後、遺産相続の話になり、子どもたちは各自6分の1の法定相続分をほしいと言います。しかし、夫の遺産は自宅（評価額900万円）と預金150万円だけです。私には蓄えはなく、相続分通りに分けるには家を売るしかありません。長男は私を引き取ると言ってくれますが、私としては、夫との思い出のあるこの家に住み続けたいのです。私が家を売らずに済む方法はありませんか。

★

●相続調停を申し立て配偶者居住権の取得を主張すればいい

このケースでは従来、妻は家を処分するしかありませんでした。しかし民法改正で、令和2年4月1日以降に開始する相続では、妻は夫の死後もそれまで夫婦で暮らしてきた夫所有の家に、子など他の相続人が受け取るはずの相続額との差額を払えなくても、そのまま住み続けることができるようになったのです（**配偶者居住権**という。法1028条）。この権利は被相続人の遺言（**遺贈**）か**相続人の合意**により取得できますが、妻は配偶者居住権を取得すると原則、その家に終生住むことができます（第三者に対抗するには配偶者居住権の登記が必要です。法1031条）。

あなたが配偶者居住権を取得することに子が反対し、話合いがまとまらない場合は、家庭裁判所に**遺産に関する紛争調整調停**（2章11項参照）または**遺産分割調停**を申し立てたらいいでしょう。調停委員が、あなたの言い分を適切と判断し、子どもたちを説得してくれると思います。

なお、調停が不成立でも自動的に審判に移行します。

POINT

他の相続人にその相続額との差額を払えなくても、妻は配偶者居住権により、相続開始時に暮らしていた亡夫の家に、その死後も住むことができます。

第4章

相続調停がまとまると その内容は相続人を拘束する

★調停調書があれば所有権移転登記もできる
★弁護士の上手な探し方・頼み方・ほか

※遺産分割審判、寄与分を定める処分審判に不服がある相続人は、審判の告知を受けてから2週間以内（不変期間内）なら、高等裁判所に即時抗告できます（家事事件手続法198条、86条）。ただし、抗告状は家庭裁判所に出します。

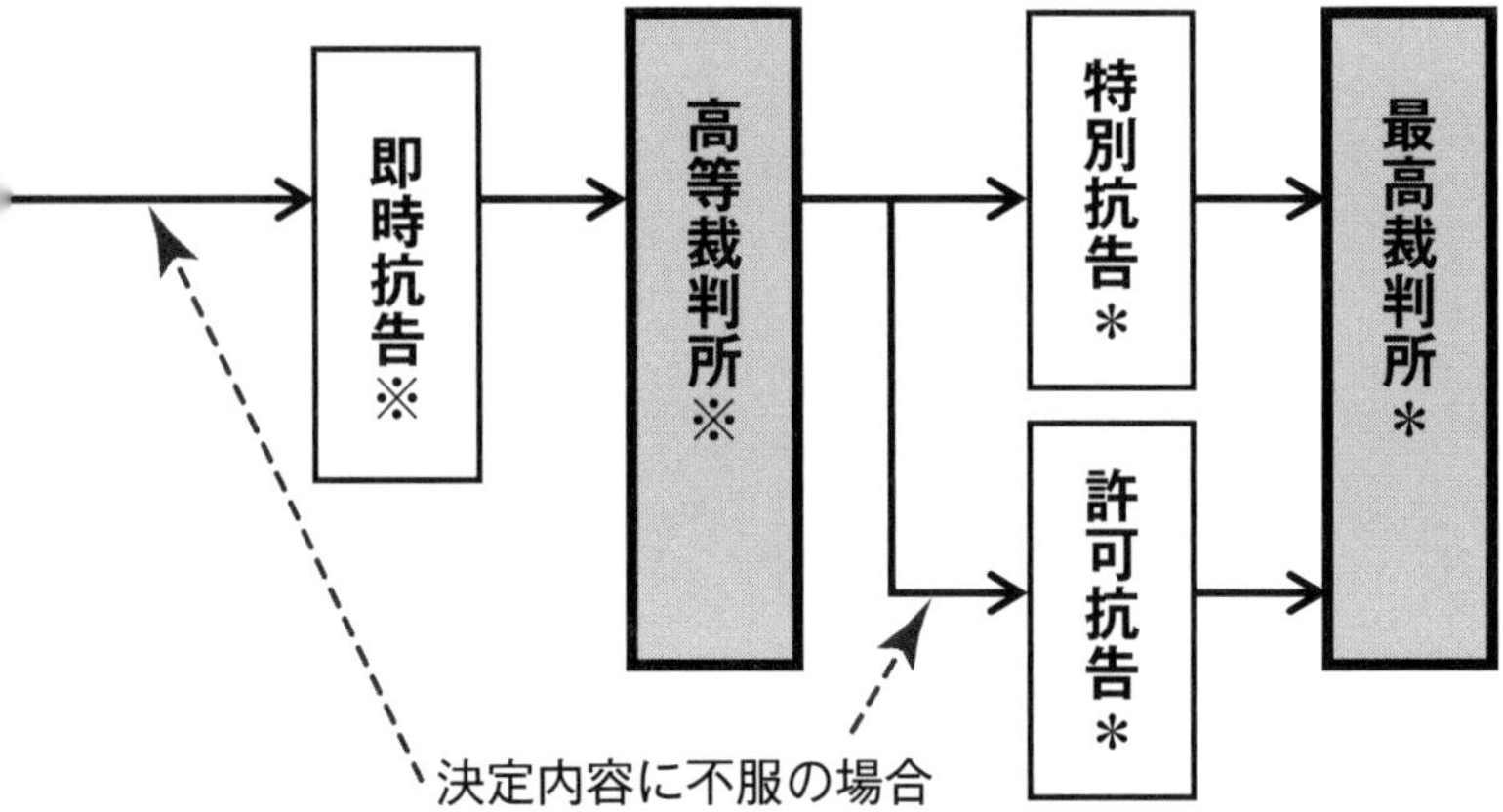

＊高等裁判所の審理は、「審判に代わる裁判」と言います。高裁の決定に不服がある場合には、最高裁に特別抗告（違憲、憲法の解釈の誤りがある）、許可抗告（判例と相反する判断、重要な法令解釈がある）できます（94条、97条）。

●遺産分割調停の成立・不成立の流れ

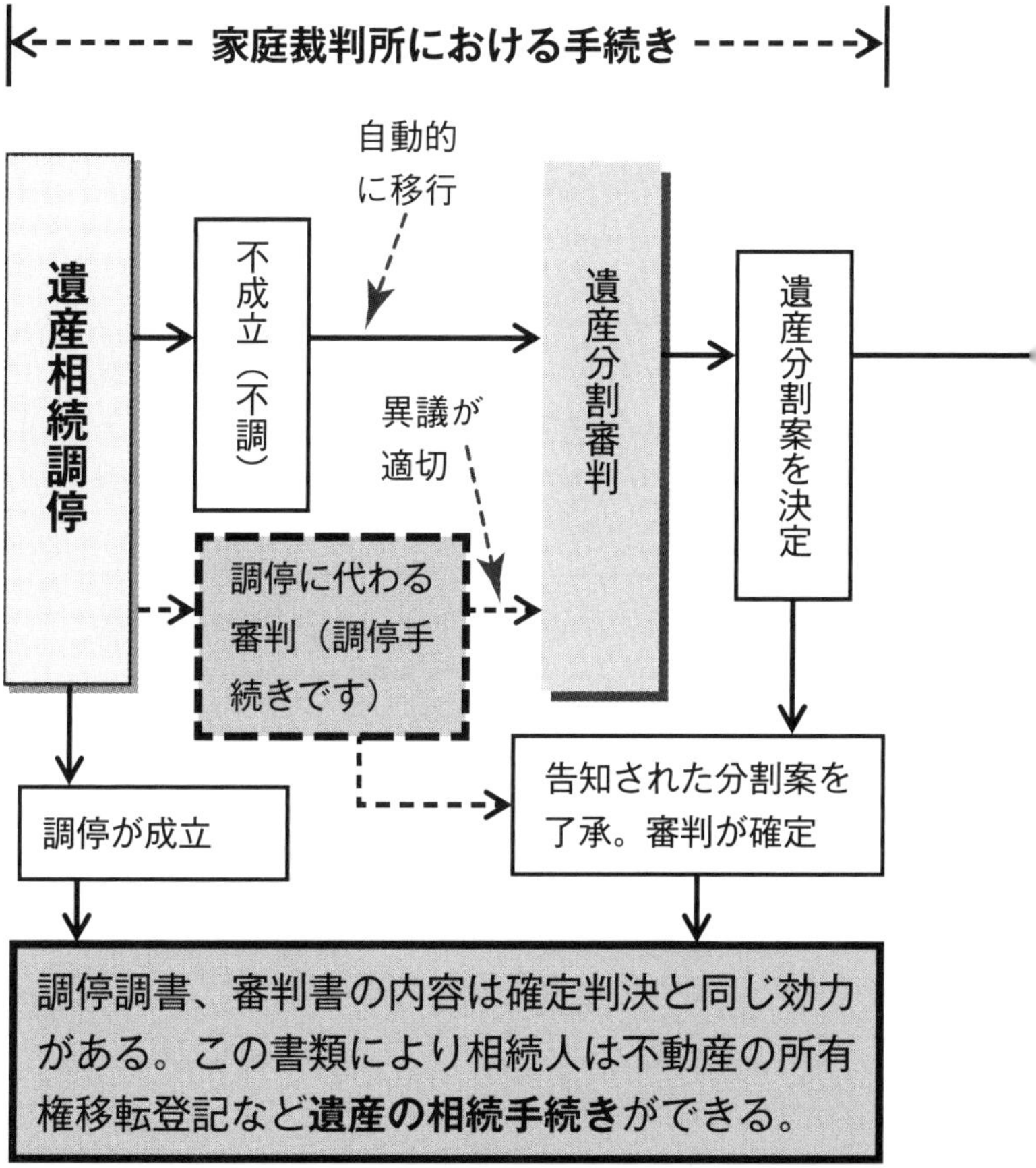
家庭裁判所における手続き
遺産相続調停
不成立（不調）
自動的に移行
遺産分割審判
遺産分割案を決定
異議が適切
調停に代わる審判（調停手続きです）
調停が成立
告知された分割案を了承。審判が確定
調停調書、審判書の内容は確定判決と同じ効力がある。この書類により相続人は不動産の所有権移転登記など**遺産の相続手続き**ができる。

●遺産分割調停がまとまったときは

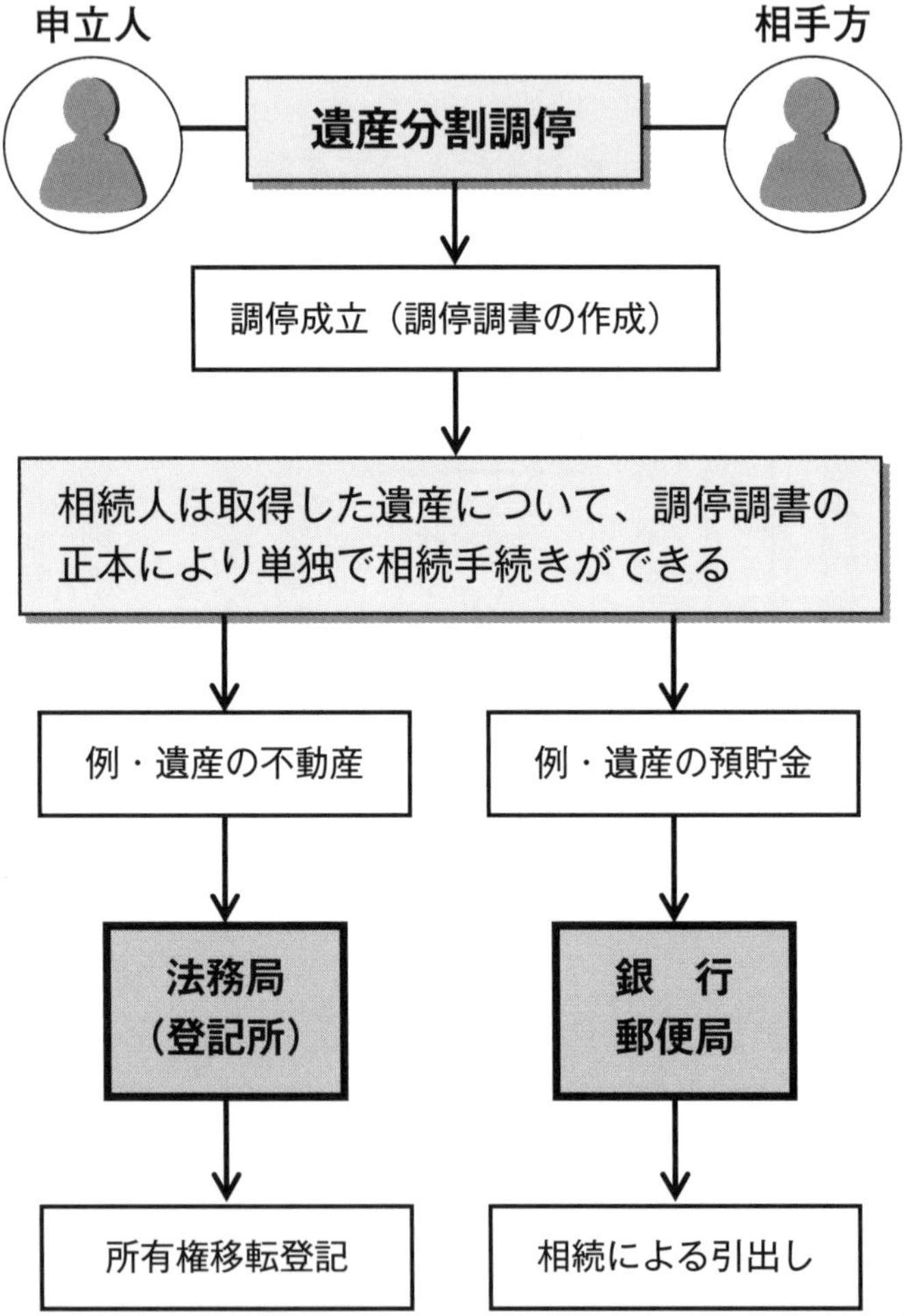

1 遺産分割調停が成立するとその内容は相続人全員を拘束する

・・・調停調書の内容は確定判決と同じ効力がある

◆相続人が調停で合意した内容は調停調書にまとめられる

遺産分割調停が成立すると、合意した内容は**調停調書**に記載され、当事者（申立人と相手方の相続人）全員を拘束します。調停証書の内容は**確定判決（または確定した遺産分割審判）と同じ効力がある**のです（家事事件手続法268条1項）。

なお、遺産分割調停では、遠隔地にいたり、仕事などやむを得ない事情で欠席する相続人がいても、申立人と出席した相手方の相続人だけで調停を進めて、時には遺産分割案（調停条項案）までまとめることがあると、前に説明しました（3章1項参照）。

他の当事者が調停期日に出頭し、この調停案に合意した場合には、欠席した相続人については、あらかじめ**調停委員会から提示された調停案を受諾する旨の書面を提出**してもらうことで、当事者間の**合意が成立したものとみなし**（270条1項）、調停を成立させるわけです。

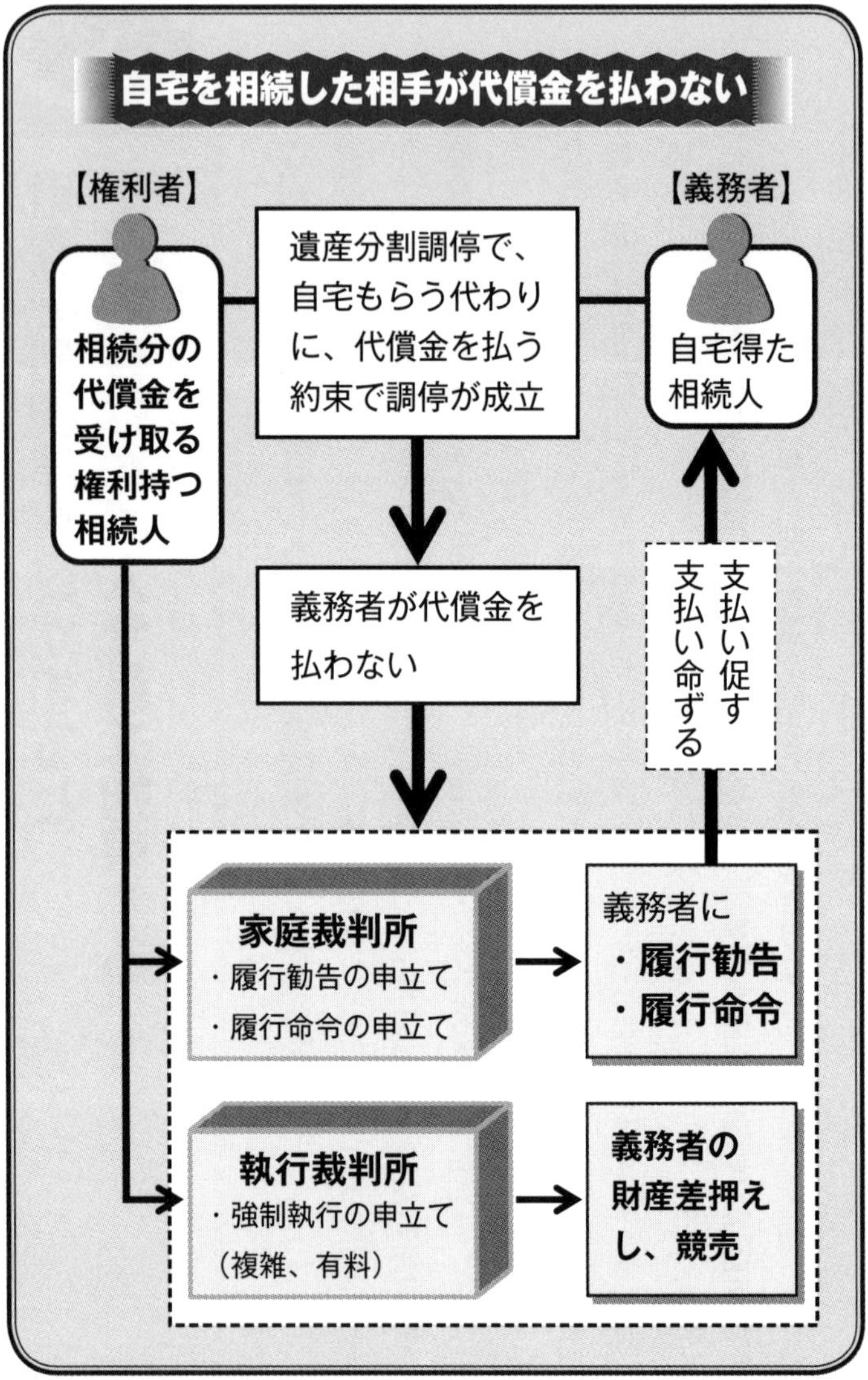
自宅を相続した相手が代償金を払わない
【権利者】
【義務者】
相続分の
代償金を
受け取る
権利持つ
相続人
遺産分割調停で、
自宅もらう代わり
に、代償金を払う
約束で調停が成立
自宅得た
相続人
義務者が代償金を
払わない
支払い促す
支払い命ずる
家庭裁判所
・履行勧告の申立て
・履行命令の申立て
義務者に
・履行勧告
・履行命令
執行裁判所
・強制執行の申立て
（複雑、有料）
義務者の
財産差押え
し、競売

◆調停証書があれば不動産の所有権移転登記ができる

遺産分割調停が成立すると、相続人各自は調停調書に記載された遺産を受け取り、必要な相続手続きをします。たとえば、自宅土地建物を相続した相続人は、調停調書の正本を**登記原因情報**として、管轄法務局（登記所）に**所有権移転登記を申請**すればいいのです。他の相続人の同意は不要です。金融機関の預貯金も調停調書があれば、金融機関は通帳や印鑑がなくても解約引出しに応じます（226頁図解参照）。

しかし、他の相続人に代償金を支払う約束で、自宅の単独相続を合意できた調停を考えてみましょう。この場合には、いくら調停調書があっても、相続人が約束を守らない限り、所有権移転や預貯金と違って遺産は画に描いた餅です。代償金をもらえるはずの相続人は、家庭裁判所に**履行勧告**や**履行命令**を出してくれるよう申し立てたり、執行裁判所に相手方の財産の差押えを申し立てるしかありません（前頁図解参照）。

POINT

遺産分割調停が成立すると、その合意内容は調停調書にまとめられ、調停内容は確定判決と同じ効力を持ち、当事者全員を拘束します。

2

遺産分割調停は不成立なら自動的に審判手続きに移行する

・・・わずかな差でも意地の張り合いで合意できないことも

◆家庭裁判所は当事者双方の衡平を考慮し、調停に代わる審判ができる

遺産分割調停が不成立の場合、自動的に審判手続きに移行することはこれまでにも説明してきました。その審判**（遺産分割審判）**の申立ては、調停を申し立てた時点でされたとみなされます（家事事件手続法272条4項）。ただし、審判を担当する家庭裁判所は、調停を担当した家庭裁判所が引き続き行う**自庁処理**の場合と、**相続開始地**の家庭裁判所に移送される場合とがあります（1章5項参照）。

ところで、調停不成立と言っても、当事者双方の言い分が真っ向から対立する場合ばかりとは限りません。互いに大筋では合意ができていたり、双方の意見や言い分にほとんど差がないのに、意地で合意をしない場合、当事者の一方が調停を続ける気がなくなり調停期日に出頭しない場合、相手方と妥協するつもりはないが家庭裁判所が決めた結論（審判の決定）なら従うという場合などもあります。

このような場合には、家庭裁判所はその裁量で審判を行い、判断することもできるのです。これを**調停に代わる審判**といいます（審判と呼んでいますが、法律上は調停手続きです）。家庭裁判所は調停に代わる審判により解決するのが相当と認めた場合、調停委員会の意見を聞いた上で、当事者双方のために衡平に、かつ一切の事情を考慮して、職権で結論が出せます（284条1項）。

◆2週間以内に、当事者から異議の申立てがないと確定する

調停に代わる審判は、家庭裁判所の決定に対して、当事者から2週間以内に異議が申し立てられなければ確定します（判決と同じ効力があります）。しかし、異議があると、調停に代わる審判は効力を失い、遺産分割調停の手続きは終了し、遺産分割審判の手続きに移行するのです（286条7項。224頁～225頁見開き図解参照）。

POINT

調停は不成立なら自動的に審判に移行しますが、双方の意見に差がない場合、家庭裁判所が職権で調停に代わる審判をすることもあります。

3 遺産分割調停が自分に不利な状況なら無理に合意をする必要はない

……申立人は結論が出るまで調停の取下げができる

◆家庭裁判所の調停案が不満なら無理に調停をまとめる必要はない

調停委員が当事者に提案する遺産分割案は、一般に常識的で双方が受け入れやすいものです。といって、当事者がその提案を必ずしも受け入れるとは限りません。合意する義務もないのです。申立人にしろ、相手方にしろ、納得できないのに合意しても、後には不満が残ります。家庭裁判所や調停委員にとっては、個々の調停事件は結論が出ればそれで終わりですが、調停の当事者は通常、互いに家族であり親族です。調停は成立しても、縁戚関係が崩壊し、家族や親族の縁が切れるようでは困るでしょう。

調停委員の分割案が納得できなければ、無理に合意する必要はありません。調停を不成立にして審判手続きに移行させるのも一つの方法です。もちろん、審判では家庭裁判所が職権で遺産分割案を決定します。その内容は、調停委員が提案した分割案とさほど差はないはずです。しかし、前項でも説明しましたが、「合意は嫌だが、裁判

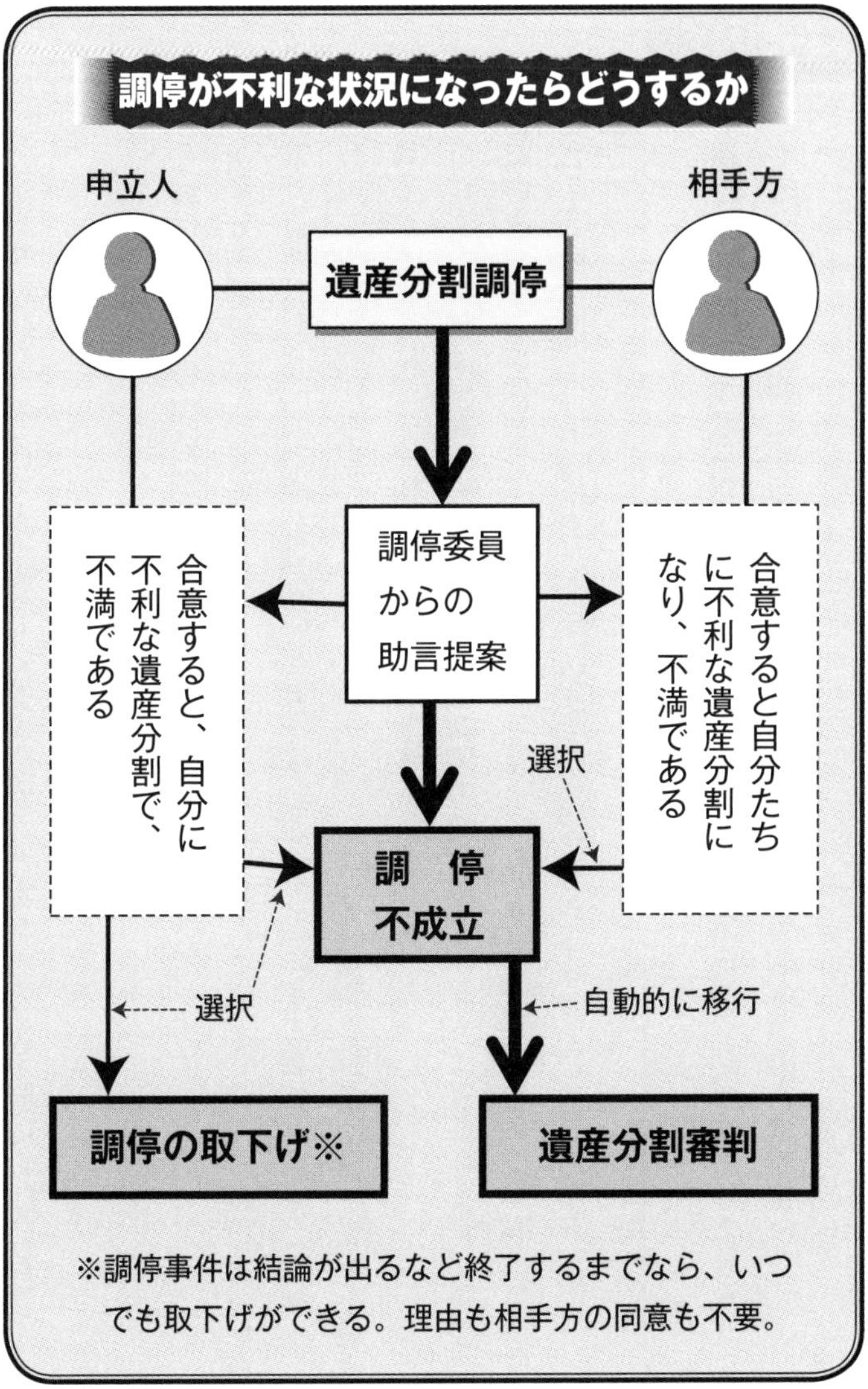
調停が不利な状況になったらどうするか
申立人
相手方
遺産分割調停
調停委員からの助言提案
合意すると、自分に不利な遺産分割で、不満である
合意すると自分たちに不利な遺産分割になり、不満である
選択
選択
調停不成立
自動的に移行
調停の取下げ※
遺産分割審判
※調停事件は結論が出るなど終了するまでなら、いつでも取下げができる。理由も相手方の同意も不要。

所の決定なら従う」という当事者もいます。また、審判内容が不服なら即時抗告をすることもできるのです（224頁～225頁見開き図解参照）。

◆調停の取下げには理由も相手方の同意もいらない

遺産分割調停の平均審理回数は、その6割が5回以内ですが、交互に調停委員から聞取りをされたり、助言や分割案の提案を受けると、このまま調停が成立した場合、自分にとって有利か不利か、ある程度わかるでしょう。調停委員の助言や提案を受け入れるかどうかは、その損得を考えて判断することです。

中立人の場合は、調停不成立の他にも**調停の取下げ**という方法もあります。調停の結論が出るなど事件が終了するまでなら、いつでも取下げは可能です（家事事件手続法273条）。取下げの理由も、他の相続人の同意もいりません（前頁図解参照）。

POINT

調停が自分にとって不利な状況の場合は、無理に合意をする必要はありません。不成立にして審判にする他、中立人は取下げをするのも一つの方法です。

4 調停で取り決めた遺産を渡してくれないときは調停調書で強制執行ができる

…強制執行の手続きは複雑で難しい

◆金銭の支払いや物の引渡しは調停調書で強制執行ができる

遺産分割調停が成立した場合、当事者（中立人と相手方の相続人など）は合意した内容に従って、それぞれが遺産の取り分を取得し、相続手続きを終えるように協力し合わなければなりません。調停で合意した具体的な遺産の分割内容を記載したのが、**調停調書**です。これは**執行力のある債務名義**で、**確定判決と同じ効力があります**。

たとえば、被相続人名義の土地建物の所有権移転登記や金融機関の預貯金の引出しは、この調停調書の正本があれば、他の相続人の同意がなくても、単独で相続手続きが可能です（226頁図解、本章1項参照）。

また、他の相続人に代償金を払う約束で調停を成立させ、自宅を単独相続したのに、その後、あれこれ屁理屈をつけて代償金を払おうとしない相続人や、自分が保管していることを幸い、他の相続人がもらうはずの骨とう品や自動車などの引渡しを正当な理由なく拒む相続人に対しても、調停調書があれば地方裁判所（**執行裁判所**）に**強制執行**を申し立てて、代償金や物品を回収することができます。

◆強制執行をするなら専門家の助けがいる

家庭裁判所の履行勧告や履行命令を利用する方法もありますが、離婚調停の養育費などと比べ、遺産相続の金額は高額です。いきなり強制執行を申し立てる方が、相手に与えるインパクトも大きく、効果的でしょう。地方裁判所から**債務名義**や**差押えの執行文**が届く（**送達**という）だけで、慌てて支払いに応じる義務者もいるのです。

ただし、強制執行の手続きは複雑で、弁護士や司法書士（請求額１４０万円以下の事件）に頼むしかありません。手続きには時間も費用もかかります。申し立てる前に一度、**内容証明郵便**で調停内容を守るよう督促してみてもいいかもしれません。

POINT

遺産分割調停で取り決めた約束を守らない当事者には、調停調書を使って強制執行を申し立てる方法もあります。

5

一度取り決めた遺産分割調停の内容を再度調停を起こして変更できるか

…調停が無効になる場合は少ない

◆調停成立後に新しく遺産が見つかっても、通常は調停のやり直しはしない

調停調書は確定判決と同じ効力がありますから、一度決まった遺産分割の調停内容は原則として変更できないのが普通です。しかし、遺産分割後に新たに遺産や隠し子が見つかることは、そう珍しいことではありません。この場合、隠し子や他の相続人から、遺産分割調停のやり直しを求められたら、どうすればいいでしょうか。

結論から言うと、一旦成立した遺産分割調停をやり直し（調停は無効ということ）、従来の調停内容を変更できる場合はそう多くはありません。調停は通常有効とされる場合が普通で、この手のトラブルは次のような手段で解決を図ります。

・さしたる理由はないが調停内容に不満で再度遺産分割調停を起こすケース

法律上、結論の出たトラブルを蒸し返すことは、明らかに他の相続人への嫌がらせです。**不当な目的でみだりにしたと認められるような調停申立ては、調停委員は調停**

をしないで事件を終了させることができます（家事事件手続法271条）。

・調停成立後に新たに相続人がいることが分かったケース

共同相続人が遺産分割調停により遺産を分割または処分を終えた後から、被相続人に隠し子がいることがわかり、その隠し子が審判により死後認知が認められて、遺産分割のやり直しを求めてきたような場合です。

法律上、死後認知された隠し子は相続人としての権利を取得しますから、他の相続人に遺産分けを請求できます。ただし、共同相続人が遺産分けの処分を終えている場合には、金銭での支払いを請求できるだけです（民法910条）。調停にも、この規定が適用されます。つまり、成立した遺産分割調停は有効で、調停やり直しを求めることは原則できません（3章具体例ケース10参照）。

ただし、他にも相続人がいることを知りながら、その**相続人を除外して行った遺産分割調停は無効です**。この場合には、遺産分割調停のやり直しができるでしょう。

・遺産分割調停の成立後に新しい遺産が見つかったケース

この場合も成立した調停は有効で、新たな遺産についてのみ遺産分割調停を起こすのが原則です。ただし、新遺産が他の相続人により意図的に隠匿されたものだったり、新遺産を含むと遺産全体に占める割合が大きく変わるような場合には、遺産分割調停をやり直して、調停内容を変更することもできます（3章具体例ケース19参照）。

◆第三者への遺贈を指定する遺言書が見つかると、調停をやり直すしかない

遺言書は被相続人の最後の意思です。遺産分割は通常、まず遺言書の指定に従って行うのが原則ですから、遺産分割終了後に遺言書が見つかった場合、遺産分割調停は無効です。ただし、相続人以外への遺贈や死後認知の指定がない場合は、相続人全員が合意すれば、その調停内容は有効になります。

なお、第三者への遺贈や死後認知の指定がある場合には従来の調停は無効で、遺産分割調停をやり直すしかないでしょう。再度の調停で遺産の取り分が減った相続人はもらい過ぎた遺産を返す必要があります。ただ、受け取った遺産を使ってしまったり（**費消**という）、処分してしまった場合には、金銭で返済すればいいでしょう。

POINT

遺産分割調停が成立し遺産を分配した後で、新たな相続人や遺産が出て来ることもありますが、必ずしも調停やり直しにはなりません。

コラム

弁護士の上手な探し方・頼み方

調停は当事者本人だけでもやれますが、現実には弁護士が関与するケースも多いようです。令和元年に認容・調停が成立した遺産分割事件では、その8割以上に関与しています。1000万円以下の遺産紛争でも4分の3に弁護士が関与していました（司法統計年報家事編）。

実際の遺産分割調停では、被相続人の除籍謄本や相続人の戸籍謄本を漏れなく取り寄せたり、遺産目録を作成するだけで一苦労です。法律と交渉のプロである弁護士に頼んだ方が安心できます。

しかし、知り合いに弁護士がいる人はそう多くないでしょう。そんな場合は、法テラス（☎0570-078374）や各地の弁護士会で紹介してもらったり、市民法律相談で探す方法もあります。

もっとも初対面の弁護士に、すぐ事件を任せる必要はありません。まずは法律相談をして、相手が自分にあう人かどうか確かめることです。遺産相続の考え方や意見が違うと、上手くいきません。

なお、弁護士を訪ねるならアポイントを取り、約束の時間に遅れないことです。その際、相続人など親族の関係図、遺産の概要、遺言の有無、聞きたいことなどをメモにしておくと、相談がスムースにいき、相手に好印象も与えます。

巻末特集

遺産分割調停など相続調停の申立書式はどう書いたらいいか

——調停委員を味方にする具体例——

●調停申立書や事情説明書の「申立ての理由」を簡潔に書くのがベスト

遺産分割調停など相続調停を有利に進めるには調停委員を味方に付けることだだと、何度も説明してきました。その第一歩が、**調停申立書**など提出を義務づけられている書式の書き方です。中でも、**申立ての理由や動機**、**それまでのいきさつ**など記述個所（遺産分割調停の場合は**事情説明書**）をどう書くかが重要で、ここを上手に書けるかどうかで相続調停の行く末が決まる、と言ってもいいでしょう。

といって、作家やアーティストのように、人（調停委員）の心に響く雄弁で抒情的な記述をしろということではありません。あなた（申立人）が相手方に、何を求めているのか（たとえば、遺産分けをしてほしい、生前贈与も遺産に含めるべきだ、寄与分を認めろ、遺産は自宅しかないから法定相続分を持分とする共有にしたい、自宅を単独相続したいなら他の相続人に代償金を払えなどなど）、なぜ相続調停を起こしたか（遺産の話合いがまとまらなかった原因や調停に至ったいきさつなど）を、調停委員に確実に伝わる書き方をしましょうということです。

具体的には、次のことを守って書いていただければ、いいと思います。
・簡潔に書く（文章にするのが難しければ、箇条書きでもいい）
・日時、場所、関係者は、可能な限り、具体的に書く（たとえば、相手方は平成00年0月、事業資金として被相続人から生前贈与1000万円を受け取っているなど）
・事実だけを書く（ウソや誇張は調停委員の心証を悪くする）
・感情的な表現、誹謗中傷する内容は書かない（むしろマイナスにはたらく）
ここでは、**遺産分割調停**の**事情説明書**（110頁・**サンプル3**参照）の「いきさつ」「希望する分割方法」欄、**遺産に関する紛争調整調停**の**調停申立書**（97頁・**サンプル1**）の「申立ての趣旨」「申立ての理由」欄の具体的な記述例を紹介します。

たとえば、**遺産分割調停申立書**（101頁・**サンプル2**参照）の「申立ての趣旨」「申立ての理由」欄は、必要な個所にレ点を付けたり○で囲むだけでよく、記述個所はありません。調停申立てに至った具体的ないきさつや分割の希望を記述するのは、事情説明書の該当欄（次頁）です。遺産分割調停以外では、記述欄がある調停申立書（244頁）を使います（家庭裁判所により書式や様式は若干異なります）。

【事情説明書】申立てのいきさつ欄（サンプル3）

第3　今回の申立てについてお聞きします。	
	□　遺産分割の話し合いをした。　⇒下記 ※へ □　遺産分割の話し合いをしなかった。 （理由　　　　　　　　　　　　）
1　調停・審判を申し立てるまでのいきさつを教えてください。（該当するもの全てにチェックしてください。）	※　なぜ話し合いがまとまらなかったと思いますか？　　*複数回答可 □　【遺言書の有効性】を巡って争いになってしまったから。 □　【遺産分割協議書の有効性】を巡って争いになってしまったから。 □　【相続人の範囲】を巡って争いになってしまったから。 □　【遺産の範囲】を巡って争いになってしまったから。 □　感情的に対立してしまい，話にならなかったから。 □　話合いに応じなかったり，避けたりしている相続人がいるから。 □　被相続人の債務や税金・葬儀費用等の分担を巡って争いになってしまったから。 □　使途不明金など過去の管理状況を巡って争いになってしまったから。 □　遺産を独占しようとしたり，法定相続分を超える遺産を取得しようとしたりする相続人がいたから。 □　代償金をいくら払うかで揉めたから。 □　誰が何を取得するかで揉めたから。 □　その他（　　　　　　　　　　　　） □　分からない。
2　主に争いがあるのは，どの相続人（もしくはグループ）の間ですか？	□　分からない。 □　（　　　　　）VS（　　　　　）VS（　　　　　）
3　【この欄は，申立ての趣旨が一部分割申立ての場合に記入してください。】 遺産の一部の分割を求める理由をお書きください。	【理由】 ［　　　　　　　　　　　　］

第4　分割方法についてお聞きします。	
あなたの希望する分割方法についてお書きください。	□　現物の取得を希望する。（遺産目録の番号をお書きください。） 【土地】番号　　　【建物】番号　　　【　　】番号 取得を希望する理由： □　配偶者居住権の取得を希望する。（【建物】番号　　　） ↳　被相続人の死亡時にその建物に住んでいましたか？　□ はい　□ いいえ □　金銭で欲しい。 □　まだ決めていない。

【調停申立書】申立ての趣旨・理由欄（サンプル１）

申　　立　　て　　の　　趣　　旨

申　　立　　て　　の　　理　　由

【記載例①】遺産が会社名義の場合（遺産分割）

（**第３**・１その他）亡夫の会社を継いだ兄は、遺産はすべて会社名義で個人名義のものはないと、遺産分割の話合いに応じないため、調停申立てに至った。

（**第４**・理由）個人会社であり会社資産も事実上亡父の遺産である。相続人は兄と私と妹の３人なので、遺産は法定相続分で均等に分けるべきである。

【記載例②】生前贈与がある場合（遺産分割）

（**第３**・１その他）法定相続分で分割することは合意したが、姉が結婚支度金でもらった生前贈与１０００万円を特別受益と認めないため、話合いがまとまらない。

（**第４**・理由）姉のもらった１０００万円は特別受益であり、父の遺産にはこの金額も含めて、相続人全員で法定相続分により相続するという調停を求める。

【解説】

遺産分割調停の申立てですから、事情説明書に記載します。記述部分を書くかどうかは自由ですが、上記①②のように記載しておくと、調停委員に事前に、いきさつや希望する分割方法を伝えられます。箇条書きでもいいですから、記載すべきです。

【記載例③】寄与分と特別受益がある場合（分割）

（**第３**・１その他）相手方は、亡父の遺産の２分の１（法定相続分）をもらう権利があると主張、私の言い分を聞こうとしないので話合いがまとまらない。そのため、遺産分割調停の申立てに至った。

（**第４**・理由）私は亡父が倒れてから10年間、仕事も辞め、亡父の看護と介護をしてきた。その寄与分は遺産の２割が妥当と思う。遺産から寄与分を差し引き、相手方が亡父から生前もらった結婚支度金1,000万円は特別受益だから遺産に含めた合計額を相続人である私と相手方で２分の１ずつ分けることを希望する。

【解説】

遺産分割調停を申し立てる場合は、事情説明書の第３、第４の項目に、調停に至ったいきさつ、希望する分割方法と理由を、記載例③のように簡潔に書いてください。ただし、寄与分は１割程度でしょう。

④と⑤は、寄与分を定める処分調停申立書の記載例です（244頁・申立ての理由）。④はコンパクトにまとまっていて、経緯や希望の分割方法がよくわかります。一方、⑤は相手方が介護に協力しなかったという不満だけで、寄与分の割合も法外です。調停委員は賛同しません。

【記載例④】寄与分を定める処分・良い例

1　申立人は、被相続人○○（令和０年00月00日死亡）の二女で、相手方××は長女です。

2　被相続人は平成00年０月頃、脳梗塞を発症、要介護４と認定され、一人暮らしは無理になりました。

3　相手方は嫁いでおり、独身の申立人に対し、自宅での療養希望する被相続人の介護をしてほしいと、父本人、相手方、親族から強く申入れをされました。

4　申立人は、仕事を辞めて父と同居し、以後10年間、寝食忘れてその介護と看護に努めてきました。

5　申立人は、遺産から寄与分を引くよう求めましたが、相手方は全額を法定相続分で分けたいと主張し、話合いがまとまらないため、本申立てをします。

【記載例⑤】寄与分を定める処分・悪い例

5　（～４省略）申立人は10年間、おしゃれも旅行も我慢し、ひたすら父の介護をしてきました。相手方は、時間的にも経済的にも余裕があるのに、介護を一切私に押し付け、しかも私の寄与分を認めません。遺産の半分を寄与分として認めてください。

【記載例⑥】遺産が自宅しかない場合（遺産分割）

（**第３**・１その他）亡父の遺産は自宅不動産しかない。その家には母と妹が住んでいて、２人は結婚して家を出た私に遺産を放棄するよう強要する。遺言はないが、亡父は常々「これだけがお前たちに残せる財産」と、言っており、納得できないので調停申立てに至った。
（**第４**・理由）相続人は母と私と妹の３人。寄与分も生前贈与もないので、遺産を法定相続分で相続したい。私は自宅に戻る気はないので、母と妹が自宅の所有権を取得するのはかまわない。その場合、自宅の評価額の４分の１（私の法定相続分）に当たる金額を現金で払ってもらいたい。支払いは分割でもよい。

【解説】

相続人の範囲や遺産の範囲は明確ですから、遺産分割調停を申し立てる紛争です。遺言もなく、生前贈与もないという事情もわかりますし、母と妹は同居していただけで、亡父の介護をしていたわけではなさそうです。

相手方の言い分が違うこともありますが、調停を進める上で必要な情報が最低限記載されています。調停委員にもいい印象を与えるはずです。

【記載例⑦】遺産を独り占めにされた場合（分割）

（**第３**・１その他）兄が亡母の遺産を独り占めにして他の兄弟姉妹に遺産を分けようとしない。兄は病院の支払いや葬儀代で遺産はないというが、納得できない。そのため、遺産分割調停を申し立てた。

（**第４**・理由）亡母は1,000万円近い預貯金を持っていたはずである。病院代も葬儀代も医療保険や香典があるので、実際の負担額はほとんどかからない。亡母の預貯金がないとすれば、通帳やキャッシュカードを保管していた兄が無断で引き出したからである。

よって、亡母の預貯金1,000万円を４人の兄弟姉妹で、均等に分けることを希望する。

【解説】

預貯金以外に遺産がない場合、特定の相続人が、それを独り占めにしてしまうことは珍しくありません。話合いで解決できない場合、遺産分割調停を申し立てるといいでしょう。事情説明書には上記のように記載すればいいと思います。

このケースは預金額が不明ですし、他にも遺産があるかもしれません。遺産に関する紛争調整調停を起こしてもいいでしょう。この場合には、調停申立書の「申立ての趣旨」「申立ての理由」欄に記述します（244頁参照）。

【記載例⑧】遺産に共有持分がある場合（調整）

（申立ての趣旨） 相手方は、被相続人○○所有の別紙土地建物につき、申立人がその物件の４分の１に相当する共有持分があることを認める調停を求めます。

（申立ての理由） １　申立人は、被相続人○○の長男で、相手方は二男と長女です。

２　申立人は、被相続人が平成00年00月、別紙土地建物を購入する際、代金2,000万円のうち500万円を負担しています。申立人が被相続人と同居して、その老後の世話をすることになっていたからです。

３　申立人は物件購入時、遠隔地に赴任中で、手続きが面倒なため、被相続人の単独名義としたものです。

４　相手方は、上記２および３の経緯を知りながら、物件は被相続人の遺産だとして、法定相続分３分の１ずつの相続を主張します。

５　以上から、相手方の主張は不当で、申立人が当該物件につき、４分の１の共有持分を持つとの調停を求めます。（**注**：遺産の対象は物件の４分の３です）

【解説】

遺産に関する紛争調整調停を使います。相続分含めると、分割後の申立人の持分は２分の１です。

【記載例⑨】価値のない遺産をもらった場合（調整）

（申立ての趣旨）相手方は、被相続人の遺産につき、申立人との分割協議をやり直すとの調停を求めます。

（申立ての理由）1　申立人は、被相続人○○の三男で、相手方は長男、二男、長女です。

2　被相続人は令和0年00月00日死亡しましたが、公正証書遺言にて、長男は自宅を、二男と三男には別々の土地を、長女には預金を相続させる旨を遺言しています。いずれも評価額5,000万円前後です。

3　申立人と相手方は、令和0年00月00日、遺言通り相続する遺産分割協議書を作成しました。

4　その後、申立人が相続した土地の売却を△△土地に依頼したところ、該当する土地は元々産廃用地でほとんど価値がないことが分かったのです。

5　遺産分割協議は無効で、相手方が受け取った遺産を4等分するよう遺産分割のやり直しを求めます。

【解説】

遺産の共同相続人間では担保責任があります（民法911条）から、申立人の要求は正当です。担保責任を免ずる遺言内容でも、遺留分侵害になれば要求は認められます。遺産に関する調整調停の申立書に、以上のような記述をするといいでしょう。

【記載例⑩】遺留分を侵害された場合（遺留分）

（申立ての趣旨） 相手方は、申立人に対し、遺留分侵害額（被相続人の遺産の2分の１）に相当する金銭を支払うとの調停を求めます。

（申立ての理由） １　申立人は、被相続人の長男で、相手方は、被相続人の従弟です。

２　被相続人は、令和０年０月00日死亡し、相続が開始しましたが、相続人は申立人だけです。

３　被相続人は、「全財産を相手方××に遺贈する」旨の令和×年×月０日付自筆証書遺言（令和０年00月×日検認済）を作成しており、相手方は、この遺言に基づき、下記記載の土地建物について遺贈を原因とする所有権移転手続きをしています。また、被相続人のその他の遺産についても取得しました。

４　申立人は、被相続人から生前贈与を受けたこともなく、また債務もありません。

５　申立人は、相手方に対し、上記遺贈が申立人の遺留分を侵害するものであることを通知し、遺留分侵害額請求権を行使する旨の意思表示をしましたが、相手方は話合いに応じようとしません。

６　よって、申立ての趣旨の通り、調停を求めます。

―― 物件目録省略 ――

※令和元年７月１日より前に開始した相続では上記申立てはできず、**遺留分減殺による物件返還請求調停**です。

【記載例⑪】特定の相続人を外し遺産分割した場合

（申立ての趣旨） 相手方は、申立人を被相続人○○の相続人に加えて遺産分割するとの調停を求めます。

（申立ての理由） 1　申立人は、被相続人の長男で、相手方は二男、長女および被相続人の後妻です。

2　申立人は被相続人と前妻との間の子で、平成0年00月00日、母親と被相続人との離婚後は、一度も被相続人と面会交流をしたこともなく、また養育費など金品をもらったこともありません。

3　相手方は、被相続人が令和0年00月00日死亡した事実を申立人に告げず、遺産分割をしています。

4　申立人は被相続人の正当な相続人であり、申立人を排除した相手方の遺産分割協議は無効です。

5　相手方が協議のやり直しに応じないため、調停を求めます。

【解説】

⑩は遺留分侵害の請求調停です。遺贈や贈与を受けた相手に対し、遺留分の侵害額に相当する金銭の支払いを求めます。時効があることに注意が必要です。

⑪遺産に関する紛争調整調停です。正当な理由なく相続人を排除した遺産分割協議は原則無効です。

【資料】相続分の支払いを求める内容証明郵便

令和　　年　月　日

○○県○○市○○1丁目2番3号

甲野太郎殿

××県××市××町4丁目5番6号

山田花子　㊞

催　告　書

私は、あなたと令和　　年　月　日死亡した父親故甲野一之助の遺産につき、○○家庭裁判所で遺産分割調停を行いました。

調停は令和　　年　月　日付で、あなたが被相続人名義の土地建物を単独相続し、同日から3か月以内に、私に代償金1，000万円を支払う内容で成立、調停調書も作成されて、私とあなたにその正本が交付されています。

しかし、3か月を経過した今日まで、あなたから私に代償金は支払われていません。

本書面到達後1か月以内に、代償金1，000万円を私指定の口座にご入金ください。万一、ご入金ない場合には、法的手続きを取る所存であることを、念のため申し添えます。　　　　　　　　以　上

【解説】

調停調書は確定判決同様、執行力がある債務名義ですから、その内容が履行されない場合には、権利者（山田花子）は義務者（甲野太郎）の財産に、ただちに強制執行することができます（4章4項参照）。法律上は、執行前に一々催促する必要などありません。

しかし、遺産分割調停の当事者は、親子や兄弟、親族がほとんどです。差押えなど強制執行をすれば、人間関係に修復できないキズがつきます。

法律的には不要でも、もう一度義務の履行を促すことで強制執行を避けることができれば、その後の関係を悪化させずに済むからです。ただ、内容証明郵便以外の催促は相手への圧力となる効果が薄いでしょう。

【内容証明郵便のルール】

・１枚の用紙に書ける文字数に制限があり、横書きの場合には、１行26字以内20行以内（右頁）、１行20字以内26行以内、１行13字以内40行以内、のいずれかです。市販の用紙が便利でしょう。なお、間違いの訂正は、郵便規則に従う必要があります。

・同文のものを３通（コピーでOK）作り、内容証明郵便を扱う郵便局に受取人宛の封筒と料金と一緒に持って行くだけです。相手方に届いた証拠となる配達証明を必ずつけるようにしましょう。なお、e（電子）内容証明もあります。

〔監修者〕

横山　正夫（よこやま　まさお）

弁護士。昭和23年栃木県足尾市出身。47年慶應義塾大学法学部卒業。57年弁護士登録（東京弁護士会所属）。

貸主・借主の代理人となって多数の不動産事件を手がけるほか、会社、家庭事件等一般民事、刑事事件の処理に活躍している。著書に『どんな場合にいくら払う!?　立退料の決め方（共著）』（自由国民社）などがある。

＊事務所　〒113-0033　文京区本郷3-31-3　本郷スズヨシビル４階
横山・齋藤法律事務所

〔著　者〕

飯野　たから（いいの　たから）

山梨県生まれ。慶應義塾大学法学部卒業。フリーライター。著書に、『損せず別れる・男の離婚読本』『戸籍のことならこの１冊』（以上、共著）、『大家さんのための賃貸トラブル解決法』『有利に解決！離婚調停』『撮ってはいけない』『フリーランス１年目の教科書』『ネット予約時代の困ったお客のトリセツ』『マンガ法律の抜け穴（電子書籍・原作）』（以上、自由国民社）などがある。

＊本書の記述は、2020年９月時点で施行されている法令に基づいています。

有利に解決！　相続調停

2016年11月29日　初版発行
2020年12月11日　第２版第１刷発行

監修者　横山正夫
著　者　飯野たから
発行人　伊藤　滋
印刷所　横山印刷株式会社
製本所　新風製本株式会社
本文ＤＴＰ　有限会社 中央制作社
カバーデザイン　小島文代

発行所　株式会社 自由国民社
〒171-0033　東京都豊島区高田3-10-11
☎〔営業〕03(6233)0781　〔編集〕03(6233)0786
https://www.jiyu.co.jp/

©2020　落丁・乱丁はお取り替えいたします。